AF648119

ANDREA RATHERT-SCHÜTZDELLER

ACRYLMALEREI
Struktur & Farbe

EINDRUCKSVOLLE BILDER STEP BY STEP MALEN

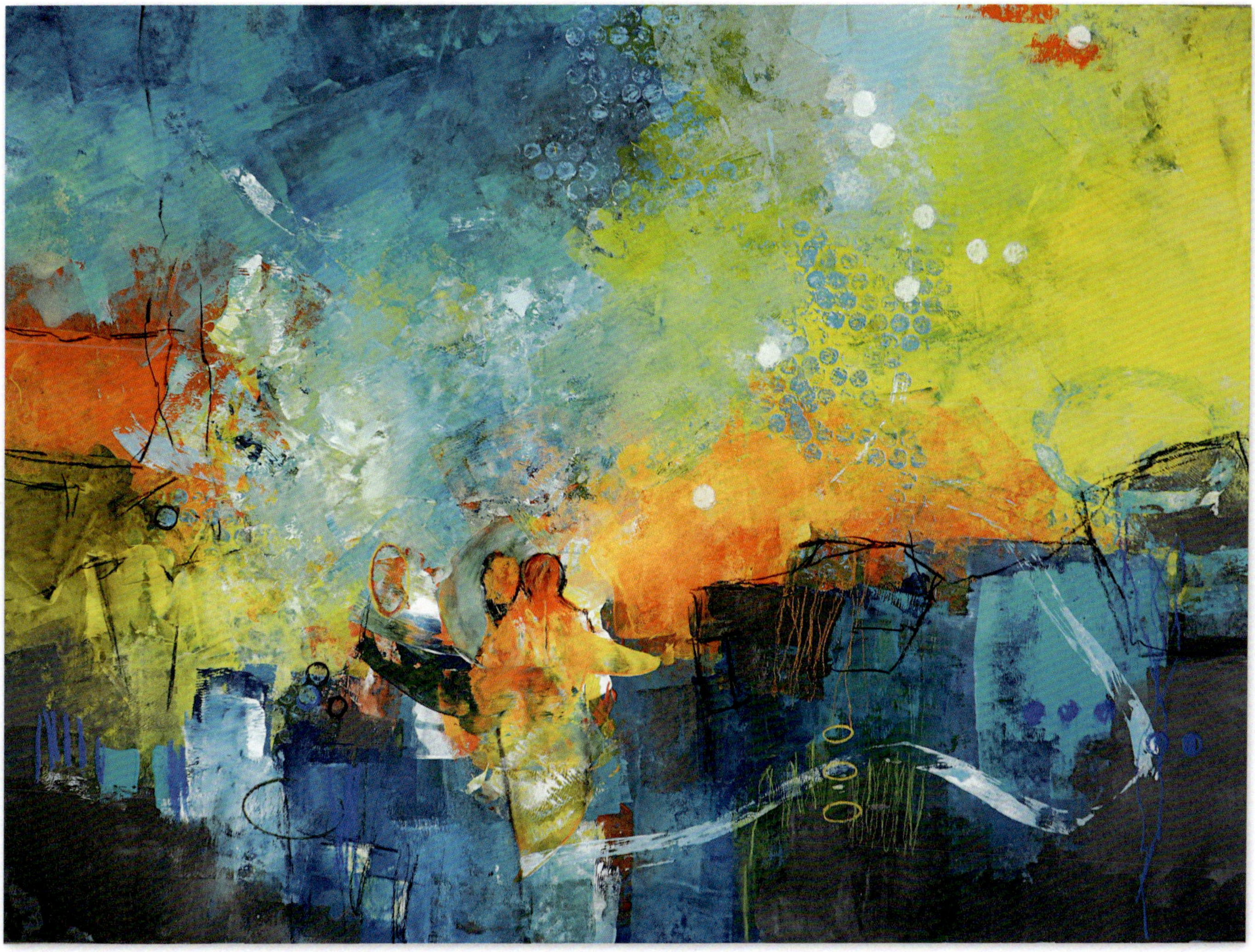

CV

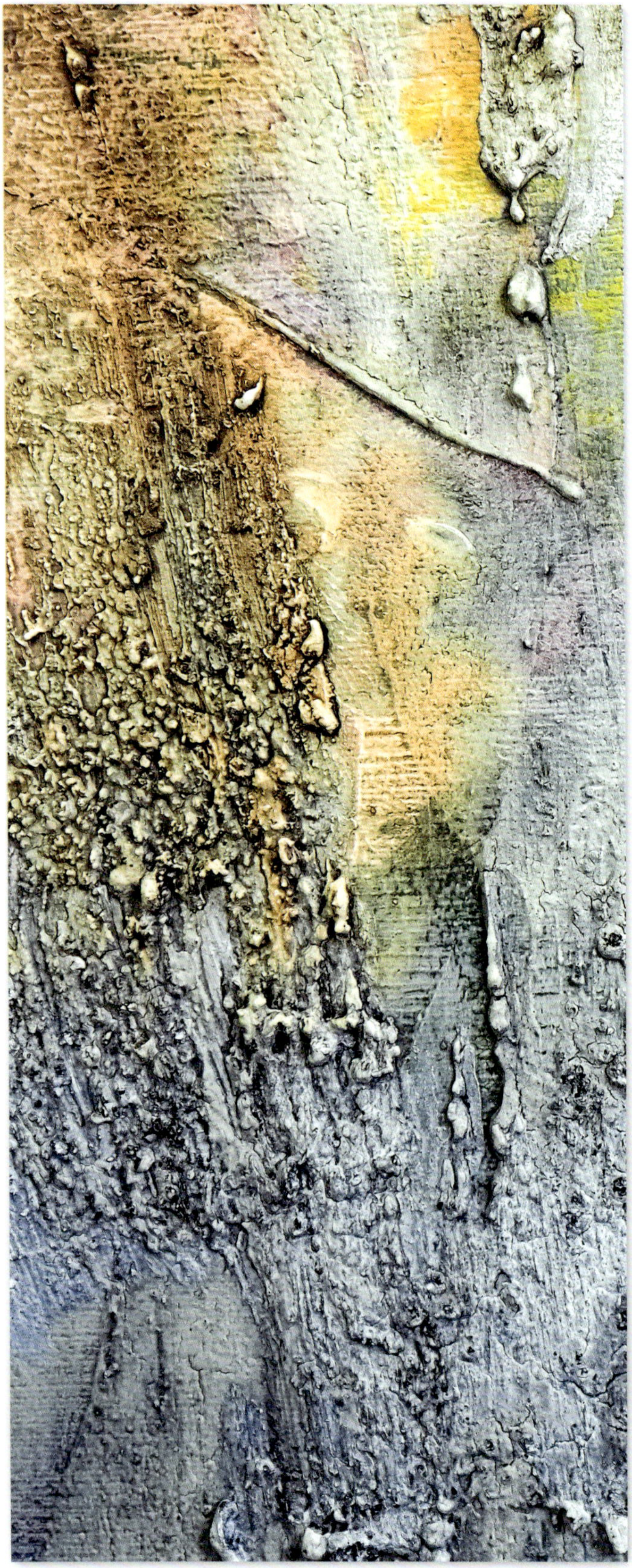

Inhaltsverzeichnis

Vorwort

Auch nach vielen Jahren faszinieren mich die Acrylmalerei und ihre Mischformen, für die ich dich nun ebenfalls begeistern und deine Arbeit mit kleinen Hilfestellungen begleiten möchte. Dieses Buch gibt einen Einblick in die Vielfalt der Techniken und Malwerkzeuge und zeigt die enorme Bandbreite der Möglichkeiten.
Zuerst werden wir uns mit den Grundlagen zu Farbe, Form, Fläche und Linie befassen. Die folgenden Bildbeispiele verdeutlichen dann die Verwendung der verschiedenen Werkzeuge oder Strukturmittel.
Die Farbübungen mögen „alten Hasen" vielleicht als „kalter Kaffee" erscheinen. Aber auch mit langjähriger Erfahrung lohnt sich eine Beschränkung auf eine geringe Farbauswahl und eine damit gegebenenfalls verbundene Veränderung der lieb gewonnenen Arbeitsmuster. Wer gerade erst mit der Acrylmalerei beginnt, wird merken, dass es nur weniger Farben bedarf, um eine große Vielfalt an Tönen zu produzieren.
Die im Buch aufgeführten Arbeitsweisen und Anleitungen sollen nicht als eine Art Kopiervorlage dienen. Vielmehr vermitteln sie ein Verständnis für den Bildaufbau, den Umgang mit Farbe und Material sowie ein Gefühl für eine ausdrucksstarke Bildsprache. Versuche daher, Anleitungen **durch eigene Ideen zu verändern oder weiterzuführen**. Entwickle kleine Serien, indem du Bilder mehrfach identisch beginnst, aber ab einem bestimmten Punkt unterschiedlich zu Ende führst.
Das Malen von Bildern besteht meines Erachtens aus einer Aneinanderreihung von vielen Entscheidungen, die über Gefühl oder Verstand getroffen werden können. Am besten klappt es, wenn beide zu einem Team werden. **Vertraue ruhig deiner Intuition**, wenn du Empfehlungen in diesem Buch nicht folgen möchtest und deinen ganz persönlichen Weg wählst. Es gibt kein Richtig oder Falsch. Natürlich werden auch Entscheidungen dabei sein, die du in der Rückschau anders getroffen hättest. Aber sei dankbar für kleine Irrungen und Fehlversuche, denn diese bringen dich weiter. Lockerheit, Mut, Neugier und Freude am Malprozess sind gute Begleiter auf dem Weg zu einem ausdrucksstarken Bild.

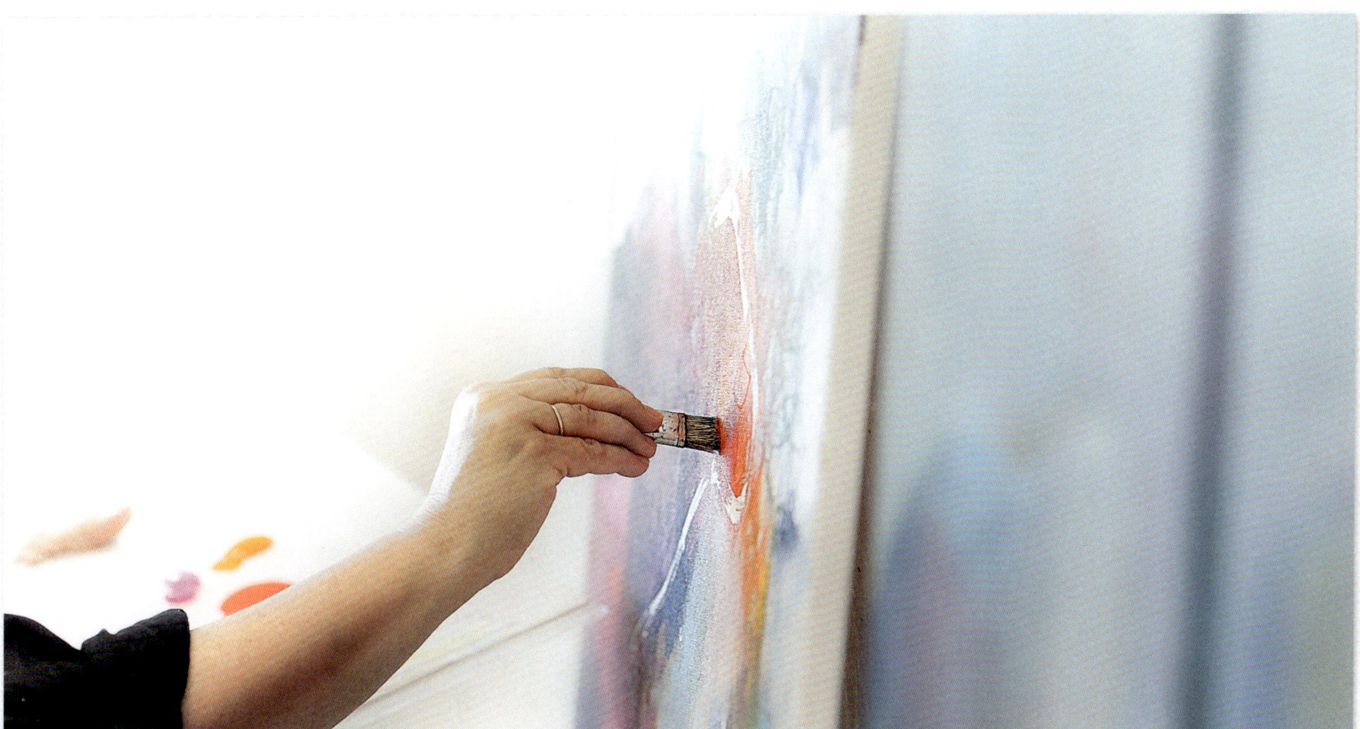

Fragen zu Anfang

In meinen Kursen begegne ich immer wieder bestimmten Fragestellungen. Daher möchte ich auf die häufigsten vorab eingehen, sodass du diese wie eine Art **Checkliste für deine freien Arbeiten** nutzen kannst.

Wie fange ich an?

Ein möglicher Bildeinstieg ist die malgrundfüllende Anlage von zwei Flächen in einem Verhältnis von ⅓ zu ⅔, welche einen farblichen Kontrast bilden.
Die zweite Variante besteht in der Grundierung mit einer Farbe und anschließender Anlage von drei Flächen, die sich in der Größe deutlich voneinander und in der Farbgebung vom Untergrund unterscheiden. Mindestens eine der Flächen sollte Kontakt zum Bildrand haben.
Eine weitere Alternative bezeichne ich als „Flächenwachstum", dessen Entwicklung weitestgehend intuitiv erfolgt. Bei dieser Methode wird am oberen linken Bildrand mit einer Farbe begonnen und auf der Leinwand mit der nächsten Farbe verbunden. So reiht sich Farbe an Farbe und es entsteht ein freies, ungeplantes Chaos, das es in der Weiterbearbeitung zu strukturieren gilt. Weder die Farbwahl noch die Ausgestaltung von Form und Linie oder eine Zielsetzung sind festgelegt.

Wie geht es weiter?

Mit Abstand und Bildanalyse: Sieh dir das aufrecht stehende Bild immer wieder aus einer gewissen Entfernung an, nehme dir Zeit für eine eingehende Bildbetrachtung und beachte dabei die folgenden Aspekte:
Farbwahl: Auswahl und Einsatz der Farbtöne beeinflussen den Farbklang. Die Verwendung von Farben, die im Farbkreis nebeneinander liegen oder einer Farbfamilie angehören, wird als **harmonisch** angesehen. Die Nutzung von ausschließlich reinen Farbtönen hat einen eher **lauten** Farbklang. Bei der Kombination von zwei Komplementärfarben, bei der ein Anteil deutlich überwiegt, spricht man von einer **akzentuierten** Farbgebung.
Flächenaufteilung: Das Bild sollte über eine Flächenaufteilung von etwa ⅓ zu ⅔ und einen eindeutigen **Fokus** verfügen. Günstig ist eine Lage im „Goldenen Schnitt", aber auch mittige oder randnahe Platzierungen können sinnvoll sein, wenn das Bildthema dadurch verdeutlicht wird.
Kontraste: Kontraste in hell - dunkel/rein - trüb/kalt - warm, der Komplementärkontrast oder der Farbe-an-sich-Kontrast sind wichtige Elemente der Bildgestaltung. Bei einer monochromen Farbgebung kommt z.B. der Nuancierung nach hell und dunkel eine besondere Bedeutung zu.

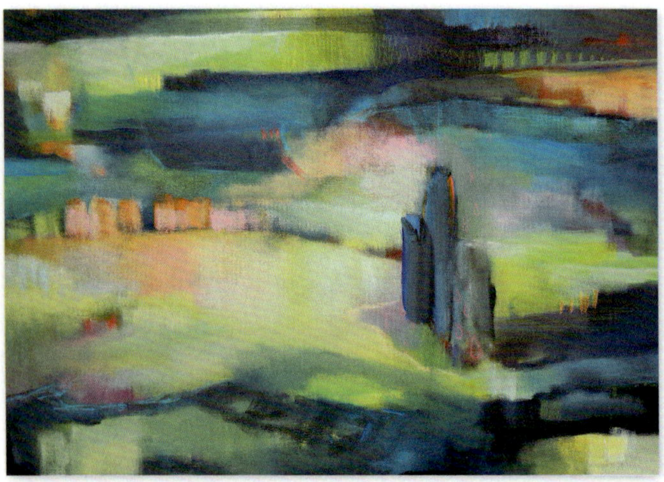

Idealpunkt für den Fokus im „Goldenen Schnitt"

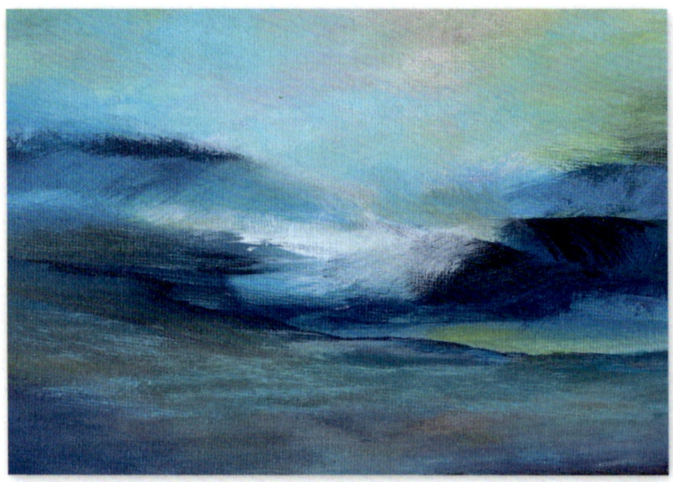

Farbfamilie mit Hell-Dunkel-Kontrast

Bildtiefe: Diese wird durch die Wahl der Farben beeinflusst. So wirken warme Farbtöne näher, kühle dagegen weiter entfernt. Starke Hell-Dunkel-Kontraste suggerieren **Nähe**, schwache stehen für **Ferne**. Durch scharfe Kanten oder Konturen wird Nähe erreicht, durch weiche, verschwommene dagegen Ferne. Elemente mit vielen Details werden ebenfalls als nah wahrgenommen.
Der Eindruck von Tiefe wird auch durch die Größe der Körper und ihre Anordnung zueinander erreicht. Bei einer Überschneidung erscheint ein Körper vor dem anderen. Ein neben einem kleinen platziertes großes Element assoziiert Nähe.

Harmonie und Spannung: Werden die Hinweise zu den Kontrasten und der Bildtiefe vernachlässigt, kann das Bild eventuell langweilig wirken, da ihm die Spannung fehlt. Zur Erhöhung der Spannung tragen außerdem Motivanschnitte, Nutzung von eher eckigen als runden Formen und ungewohnte Blickwinkel bei.
Haben wir zu viel Spannung im Bild, empfinden wir Unruhe und Chaos. Diese Wirkung kann z.B. durch zu viele kleine Flächen und „fliegende“ Elemente, die ich aufgrund ihrer fehlenden Verankerung am Bildrand so bezeichne, entstehen. Die Lösung liegt also im Zusammenfügen von kleinen Flächen zu einer großen und deren Weiterführung bis zum Rand. Des Weiteren trägt auch eine Reduzierung der Farbtöne zur Ruhe bei. Außerdem empfindet das Auge einen eindeutigen Schwerpunkt im Bild und eine Wiederholung der Farben in unterschiedlicher Nuancierung und verschiedenen Größen als beruhigend.

Zu guter Letzt

Viele wissen, wie schwer es sein kann, sich von besonders gelungenen Bildanteilen zu trennen. Erfahrungsgemäß malt man lange um diese Stellen herum, um sie irgendwie zu integrieren - und scheitert. Daher gilt: „kill your darling“ und male befreit weiter!

Tipp: Das Wichtigste ist die Freude am Prozess. Versuche daher kein fertiges Bild im Kopf zu haben, sondern lasse dich auf eine lebendige und nur bedingt geplante Bildentstehung ein. Vertraue auf das, was du empfindest. Ein Werk, bei dem du alle Regeln missachtet hast, kann für dich ein stimmiges Bild ergeben.

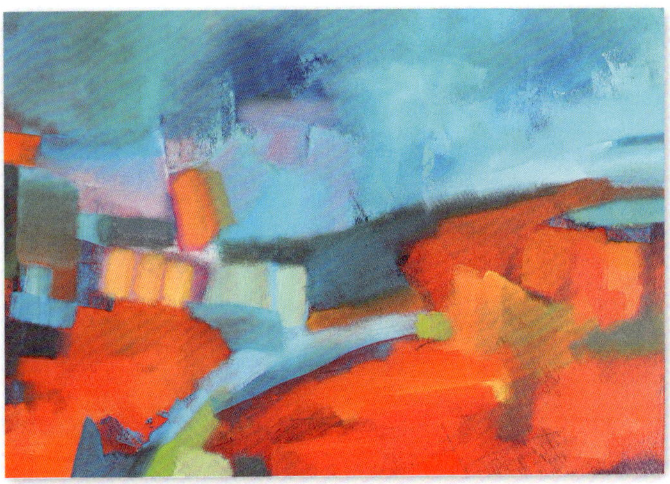

Kalt-Warm-Kontrast und ⅓ zu ⅔ Bildaufteilung

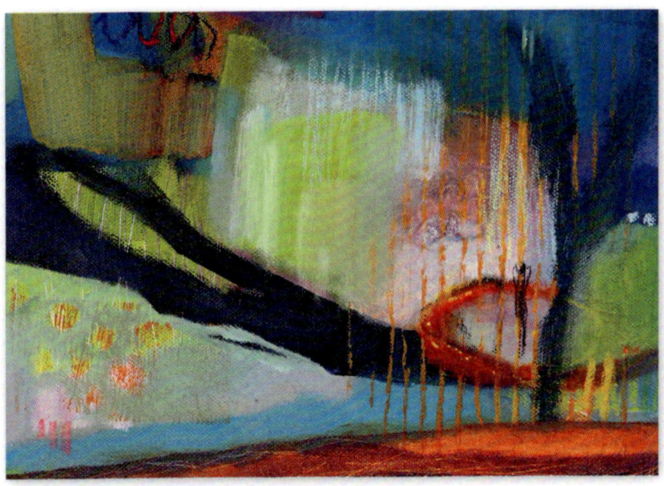

Farbwiederholung

Material

Malgrund

Der Start in den Malprozess beginnt mit der Auswahl von Malgrund, Werkzeug und den Farbtönen. Für die Acrylmalerei können bespannte Keilrahmen und viele weitere saugfähige Bildträger Verwendung finden. Welchen Einfluss der Untergrund auf den Ausdruck hat, zeigen die Beispiele in der Walzentechnik.
Entscheidungen zu **Größe und Format des Malgrunds** müssen ebenfalls getroffen werden. Neben persönlichen Vorlieben spielt dabei auch das eingesetzte Werkzeug eine Rolle. Bei der Arbeit mit der Farbwalze oder einem sehr breiten Pinsel sollte das Format entsprechend groß ausfallen. Auf intuitiver Ebene vertraut man gerne auf Formate, mit denen man bereits viel Erfahrung hat und sich daher sicher fühlt.

Farben

Bei der Wahl der Farben ist nicht nur der Farbton entscheidend, sondern auch die Eigenschaften der jeweiligen Farbe. **Acrylfarben** verfügen über eine unterschiedliche Konsistenz, Deckkraft und Lichtechtheit sowie über verschiedene Verhältnisse von Füllstoff und Pigment. So eignet sich eine deckende oder halbdeckende Farbe mit mittlerer Konsistenz besonders gut für die Arbeit mit der Farbwalze, dem Spachtel oder dem Silikonpinsel, während weich fließende Künstlerfarben mit hoher Pigmentierung und geringem Füllmaterial eher für Lasuren genutzt werden.
Die Farbgebung der in den Materiallisten aufgeführten Farben kann je nach Hersteller sehr unterschiedlich ausfallen, da die Namen keiner Normierung unterliegen. Natürlich kannst du viele Beispiele auch mit anderen Farbtönen ausprobieren. Bei der Wahl anderer Farbtöne ist es aber wichtig, dass sie den Tonwerten (Helligkeitswerten) der im Buch angegebenen Farben entsprechen, um ein vergleichbares Ergebnis erzielen zu können.
Zeichnungen mit **Pastellkreiden oder Zeichenkohle** können monochrome Farbfelder beleben, diese durch Umrandung besonders betonen oder einer konkreten Form zuführen. Pastell- oder Kohlelinien wirken interessanter, wenn sie unterbrochen sind und Unterschiede in Bezug auf Intensität und Breite aufweisen. Zeichenkohle ist auch ein gutes Instrument, um Bildanlagen auf ihren Hell-Dunkel-Anteil zu prüfen, wie z.B. im Bild „Auf der Suche“.

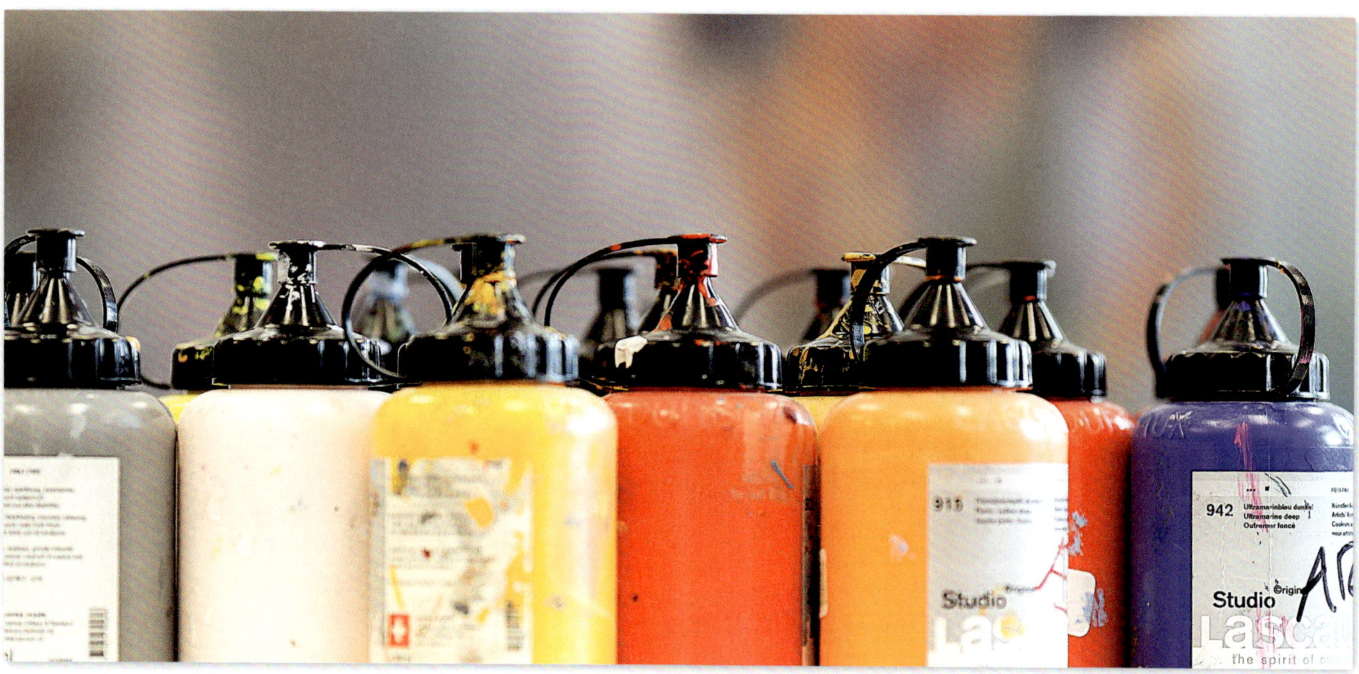

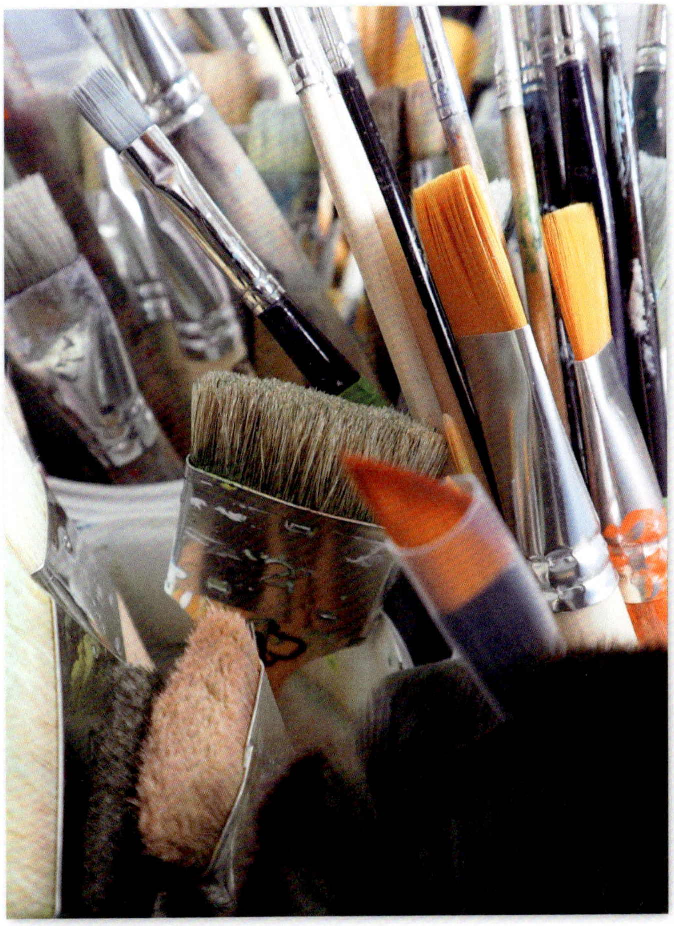

verschiedene Pinsel

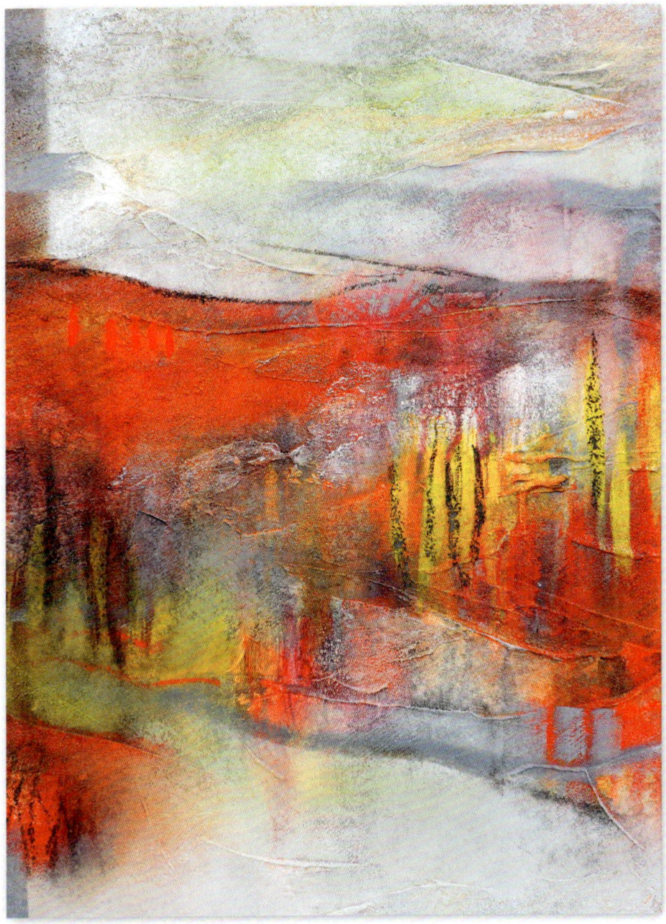

Strukturierung durch Sand

Füllstoffe und Spachtelmassen

Reliefartige Struktureffekte lassen sich mithilfe von Füllstoffen erzeugen. Die einfachste Art ist der Zusatz von Sand in viel Farbe oder in Fertigspachtelmasse. Da Acrylfarbe einen Kunstharzbinder als Bestandteil hat, bleibt der Sand an der Farbe haften (siehe „Herbstrascheln"). Diesen Kunstharzbinder kann man auch separat kaufen und ihn zur Herstellung von **Spachtelmasse** nutzen. Werden Marmormehl und Binder in etwa gleichen Teilen und etwas Wasser zu einer eher festeren Konsistenz vermengt, erhält man eine relativ kompakte Spachtelmasse. Während der Trocknung erfolgt eine Rissbildung, die sich durch Hitzeeinwirkung verstärken lässt. Im Gegensatz zur Fertigspachtelmasse ist diese offenporig und nimmt hervorragend Lasuren auf. Verwendet man dunkle Lasuren – siehe „Kreis-Lauf", kommen die Strukturen besonders gut zur Geltung.

Fertigspachtelmassen bilden nur Risse, wenn sie extrem dick aufgetragen werden. Nach dem Auftrag der Spachtelmasse können mit unterschiedlichsten Werkzeugen, wie Messern, Pinseln, Bürsten, Spachteln, Strukturen in die noch feuchte Oberfläche gesetzt werden. Fertigspachtelmassen sind in der Regel weiß und können eingefärbt oder nach der Trocknung bemalt werden.
Auch die Art und Größe des Werkzeugs und die Maldynamik haben Einfluss auf die Bildung von Höhungen und Tiefen. Für einen glatten und dünnen Auftrag eignen sich breite Gummi- oder Japanspachtel. Der Spachtel wird dafür in einem flachen Winkel gehalten und mit leichtem Druck langsam geführt.
Für schwungvolle und voluminöse Aufträge eignen sich Malmesser oder Malerspachtel. Wird auf den Kanten dieser Werkzeuge leichter Druck aufgebaut, so bilden sich kleine Aufwürfe oder starre Abgrenzungen.

Techniken

Werkzeug und Technik stehen in einem engen Zusammenhang, da ihre spezifischen Eigenschaften die Einsatzbereiche bestimmen und die Arbeitsweise beeinflussen. Die einzig wahre Herangehensweise gibt es m. E. nicht, denn die Wahl der Technik ist von der persönlichen Arbeitsweise und vom verwendeten Material abhängig. Im Laufe der Zeit entwickelt man Vorlieben für bestimmte Werkzeuge und Techniken, welche im Buch vorgestellt und in ihrer beeindruckenden Bandbreite gezeigt werden. Experimentiere damit und den vielleicht auch von dir selbst entdeckten geeigneten und zweckentfremdeten Alltagsgegenständen und finde so die Technik, die am besten zu dir und deiner Malweise passt.

Mit Pinsel & Co.

Am häufigsten wird sicherlich der Pinsel benutzt. Er ist in den unterschiedlichsten Ausführungen erhältlich und erlaubt vielfältige Ausdrucksmöglichkeiten.
Einfache Strukturen in Form von Pinselspuren lassen sich sehr gut mit dem **Borstenpinsel** in Kombination mit großer Farbaufnahme erzeugen und können unterschiedlich genutzt werden. Im Beispiel „Offen bleiben" führten die erzeugten Höhungen zu einem gebrochenen Farbauftrag mit der Walze.
Möchte man einen glatten, ebenmäßigen Auftrag, z.B. für eine feine Grundierung, so nutzt man einen angefeuchteten **Nylonpinsel** mit weicher Borste. Auch eine Art „malerische Struktur" lässt sich bestens mit der feinen spitzen Borste des Nylonpinsels gestalten. So entsteht aus vielen kleinen Strichen, Kringeln oder Linien eine neue Fläche (siehe Abb. Detail, S. 44).
Markante Linien sind gut mit den sogenannten **Modlern** zu setzen, denn sie verfügen über kurze harte Borsten (siehe Beispiel „Lass es los").
Die sogenannten **Katzenzungenpinsel** haben einen runden Borstenabschluss und eignen sich für die Gestaltung von Rundungen. Beispiele finden sich im Werk „Wohin wir streben".
Aber nicht nur der Charakter eines Pinsels spielt in der Gestaltung eine Rolle, sondern auch die **Handhabung**. Sind weiche Farbpartien erwünscht, wird der Pinsel flach zur Leinwand gehalten und die Farbe ohne Druck auf die Borste in die Leinwand eingearbeitet. Die Farbaufnahme ist dabei minimal und der Pinsel nebelfeucht. Geht es um Akzentuierung und das Setzen von markanten Linien, steht der Pinsel aufrecht zur Leinwand und eine mittlere Farbmenge wird über die breite oder schmale Seite des Pinsels abgegeben. Eine Kombination aus beidem schafft einen schönen Kontrast aus harter Abgrenzung und weichem Verlauf.
Es lohnt sich, mit unterschiedlichen Pinseln zu experimentieren. Für einen sicheren und zielgerichteten Umgang sollten die Einflüsse von Farbmenge, Druck, Pinselfeuchtigkeit und Haltung erprobt werden.

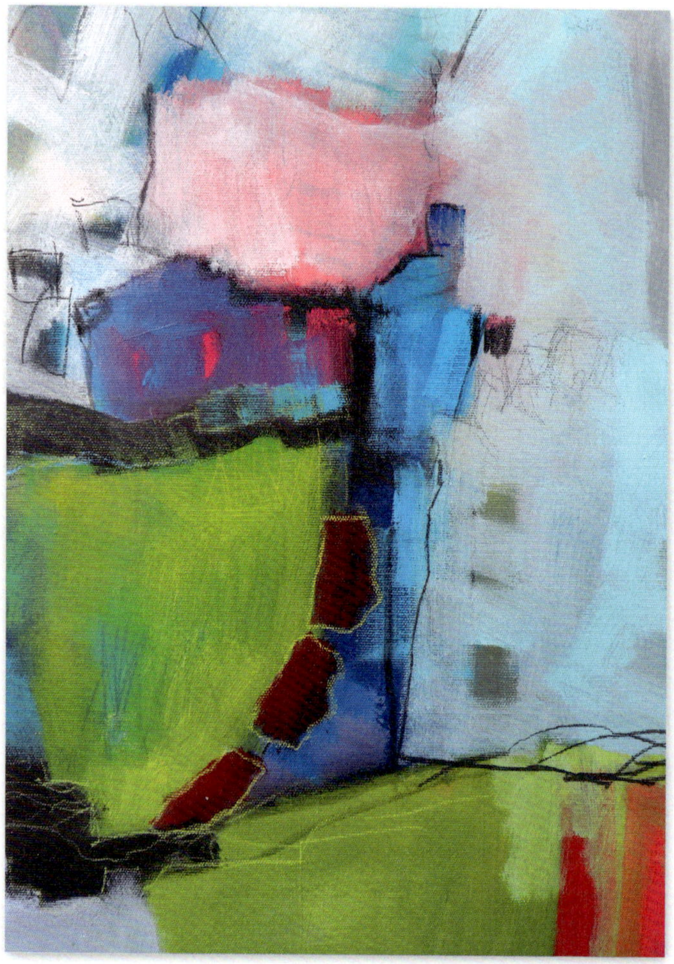

Unterschiedlicher Pinselduktus und Akzente durch Zeichnung

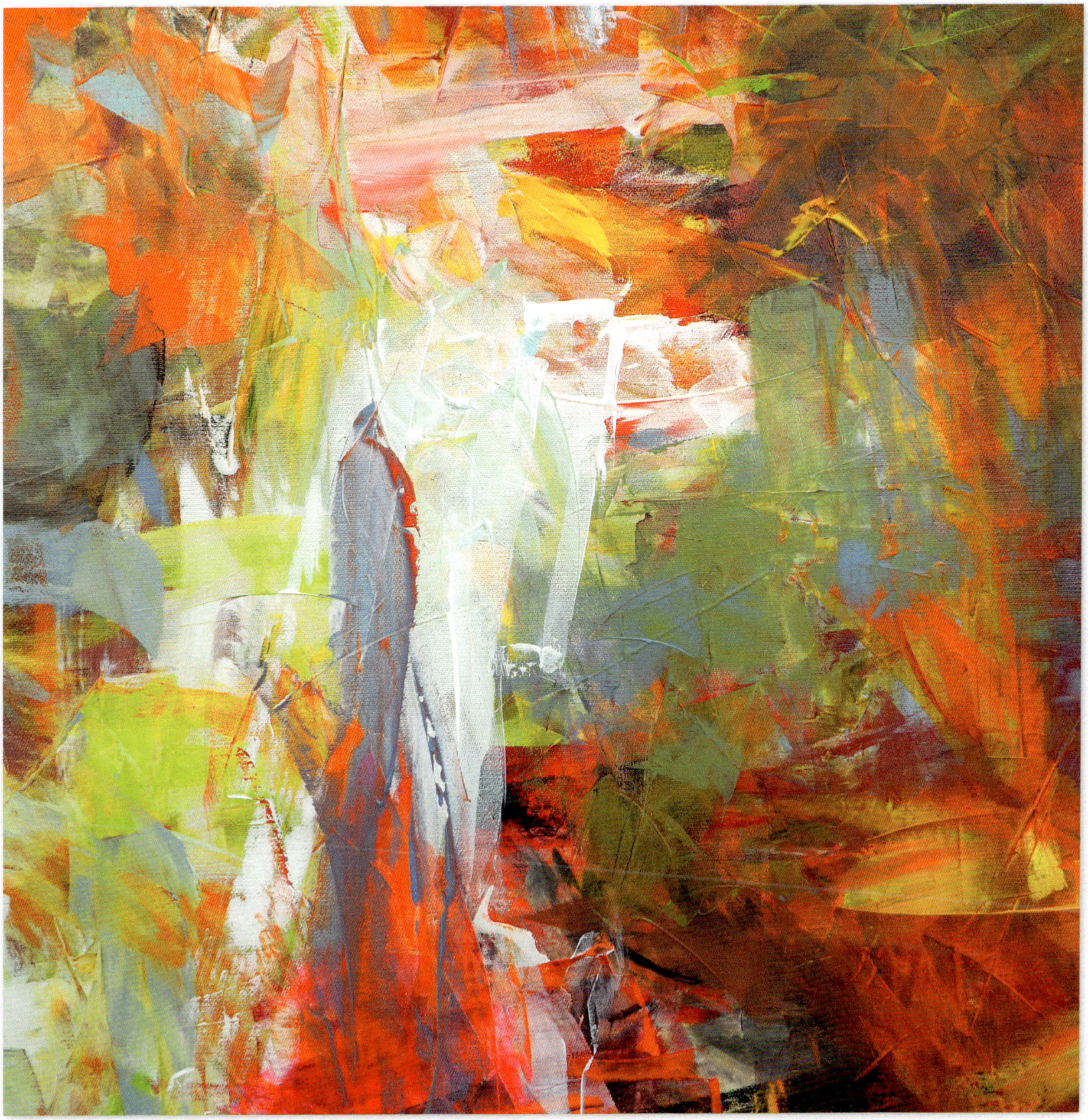

Werk mit dem Silikonpinsel

Der **Silikonpinsel** ist eine Art Gummispachtel mit Griff und führt je nach Ausführung und Handhabung zu unterschiedlichen Strukturen. In allen Ausführungen kann mit ihm Farbe gespachtelt werden. Dafür wird die breite Seite genutzt und die unverdünnte Farbe ohne Druck auf die Leinwand gegeben. Für einen durchscheinenden Auftrag wird die Farbe nach dem Auftrag mit der Gummikante verschoben. Bei dieser Technik sollte man unbedingt mehrschichtig arbeiten, da die Überlagerungen wunderbare Nuancierungen und Strukturen ermöglichen.
Für den Aufbau eignen sind auch **Malmesser** sehr gut. Im Handel gibt es die unterschiedlichsten Formen und Größen und jede hinterlässt ihre höchst eigene Spur. Mit diesem Werkzeug kann das komplette Bild erarbeitet, gekonnt für Akzente gesorgt oder wie im Bild „Ein Tag am Meer“ in Kombination mit dem Pinsel eingesetzt werden.

Mit Walze und Schablone

Farbwalzen, wie man sie aus dem Linolschnitt kennt, finden vielfältigen Einsatz. Die harte Gummirolle kann sehr viel Farbe aufnehmen und ganz besondere Strukturen erzeugen. Für eine gleichmäßige Farbabgabe gibt man die Acrylfarbe auf eine glatte Palette, nimmt die Farbe rundherum auf und rollt sie danach auf dem Bildträger ab. Dies kann in kurzen, sich kreuzenden Bewegungen erfolgen oder in horizontalen und vertikalen, je nachdem, welche Art von Struktur erzeugt werden soll. Danach wird die Walze immer gesäubert, indem man die restliche Farbe auf Papier abrollt. Gelegentlich sollte man sie auch mit einem feuchten Tuch abwischen.

Dann wird die nächste Farbe daneben gesetzt und sofort mit der ersten teilweise vernetzt, sodass ein neuer Farbton entsteht. Idealerweise bleiben Teile der Ausgangsfarben erkennbar und dazwischen befindet sich die Mischfarbe.

Interessant ist das unterschiedliche Ergebnis auf Leinwand und Karton. Letzterer ist deutlich saugfähiger als die Leinwand, sodass viel Farbe aufgenommen wird und deutlich weniger erhabene Strukturen entstehen (siehe „Der Jongleur“).

Will man nur die erhabenen Stellen mit Farbe versehen, wird die mit der Walze aufgenommene Farbe so lange auf der Palette abgerollt, bis nur noch ein zarter Farbfilm auf dem Gummi liegt. Ohne Druck wird dieser auf die Höhungen gelegt, sodass ein reizvolles Farbspiel von Unter- und Oberfarbe möglich ist. Sehr schön ist auch eine Ergänzung mit „Schablonen“ oder „Druckstöcken“.

Als **Schablonen** können Kreis- und Oval-Schablonen aus dem Zeichenbedarf ebenso Verwendung finden wie grobmaschiges Gewebe oder Teppichstopper. Der Einsatz von Luftpolsterfolie und Wellpappe als Druckstock wird in Schritt 2 des ersten Werkes vorgestellt.

Besonders individuell sind natürlich Schablonen **aus eigener Herstellung**. Dafür kann man z.B. mit dem Cutter offene Bereiche in ein Plastik-Tischset schneiden. Die so entstandene Schablone legt man auf die ausgewählte Stelle im Bild und trägt mit der trockenen Schaumstoffrolle Farbe auf. Dabei sollte auf einen farblichen Kontrast geachtet werden.

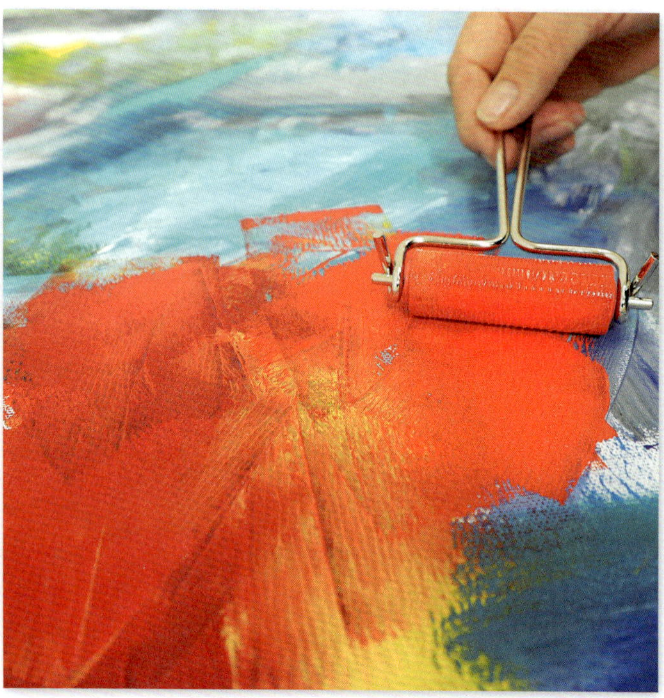

Arbeit mit der Farbwalze

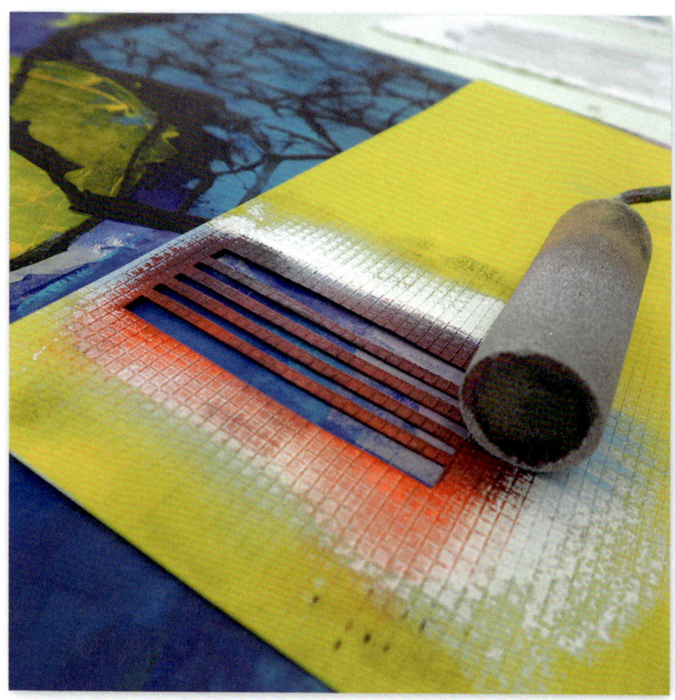

Nutzung einer selbst hergestellten Schablone

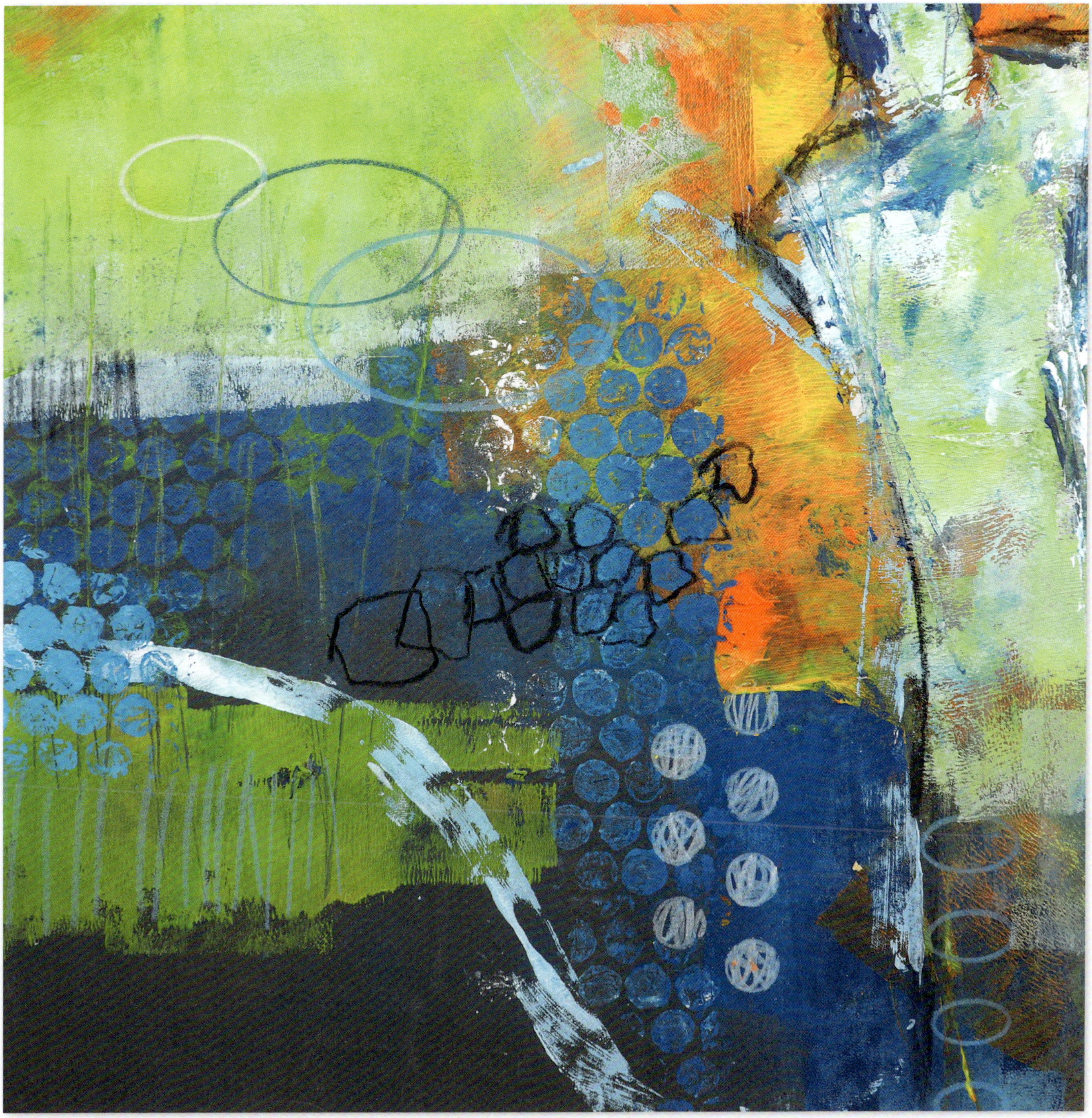

Ergebnisse von Druck und Schablone

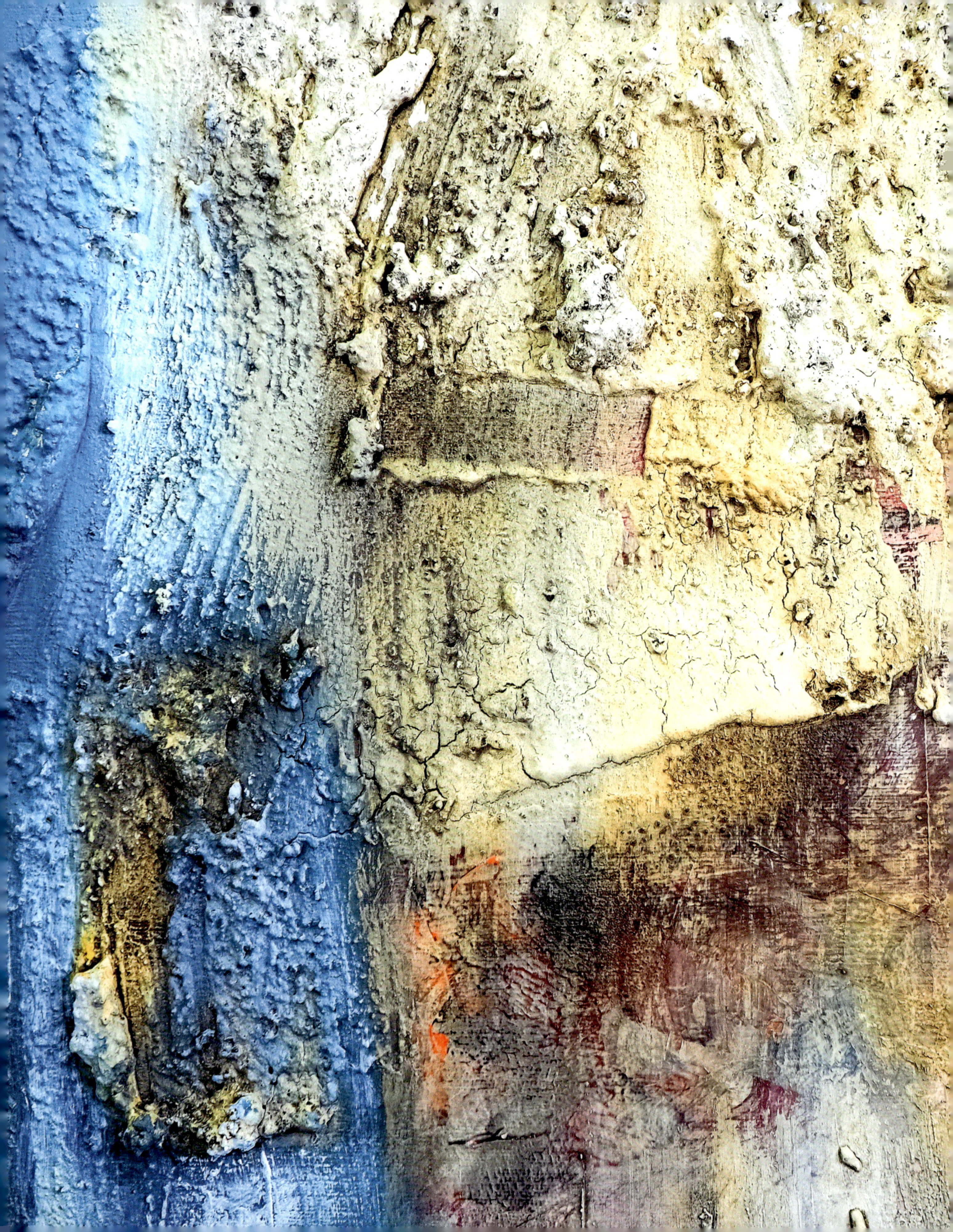

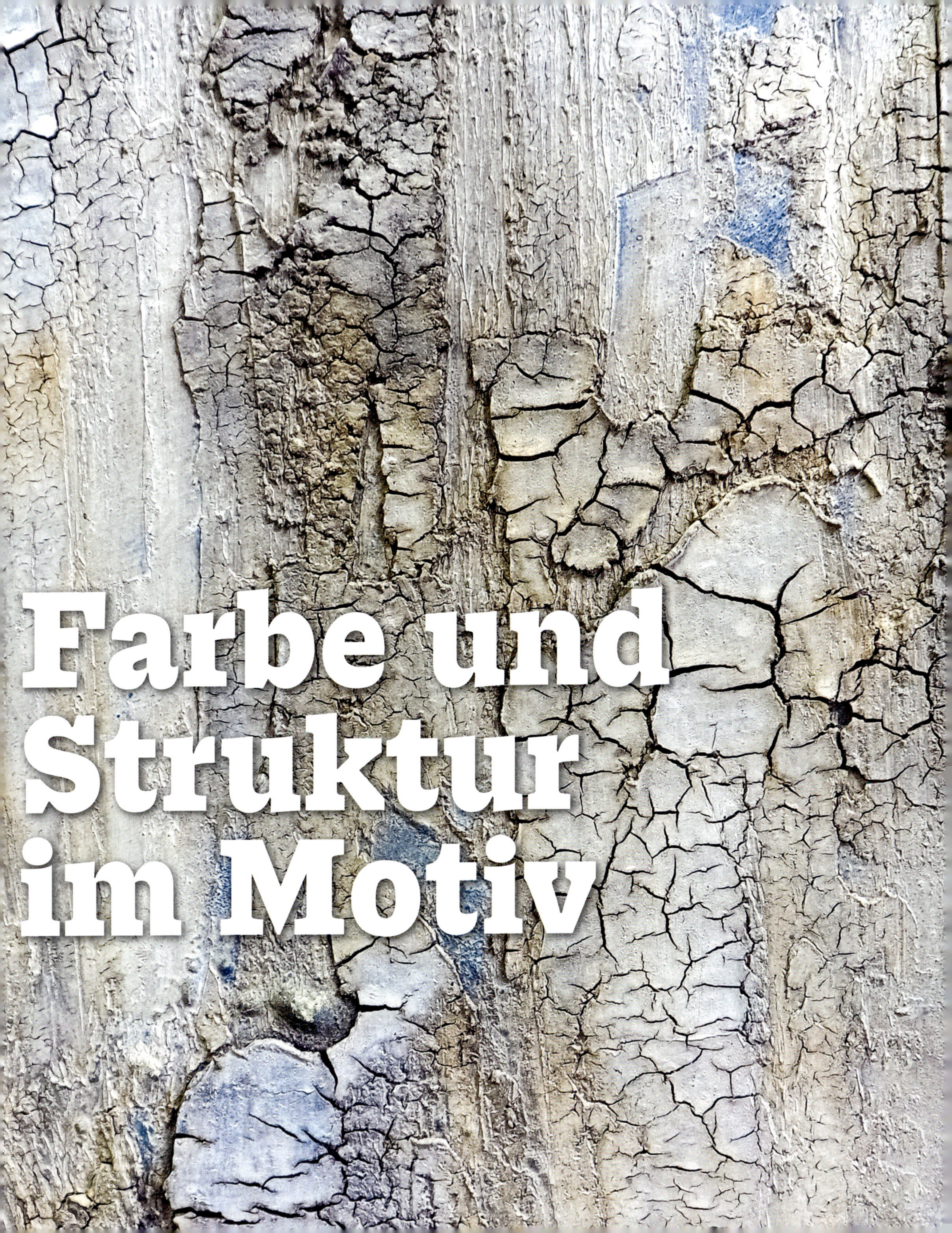

Farbe und Struktur im Motiv

Geschlossene Gesellschaft

Du brauchst:

- Keilrahmen, 30 × 40 cm
- Acrylfarben in Magenta, Cyan bzw. Echtblau, Primärgelb bzw. Echtgelb, Titanweiß und Schwarz
- Englische Naturkohle 3–4 mm
- Pastellkreide in Rot sowie evtl. weiteren Tönen nach Wahl
- Messer oder ähnlich spitzer Gegenstand
- Farbwalze (Linolwalze)
- Borstenpinsel, kurze, harte Borste, ca. 2 cm
- Universalpinsel, Naturborste, ca. 2,5 cm
- Luftpolsterfolie
- Pastellfixativ
- Küchenpapier oder Mallappen

Das Wissen um das Anmischen von Farben gehört zu den elementaren Grundlagen der Bildgestaltung.
Dabei ist es wichtig, sich mit den Farben, mit denen man gerne arbeitet, vertraut zu machen, da sich diese in ihren Eigenschaften sehr unterscheiden.
Diese Schrittfolge ist die erste von mehreren Übungen, die mit dem Pinsel und einer begrenzten Farbpalette aus dem Bereich der Primärfarben erarbeitet werden.
Primärfarben sind Grundfarben, die nicht aus anderen Farben gemischt werden können, aber mit denen man in Ergänzung mit Schwarz und Weiß – theoretisch – alle Farben mischen kann.
In diesem Beispiel wird die Modulation von Cyan geübt, mit akzentgebenden und neutralen Farben gespielt, auf die unterschiedliche Gestaltung von Farbflächen eingegangen und eine erste Drucktechnik vorgestellt.

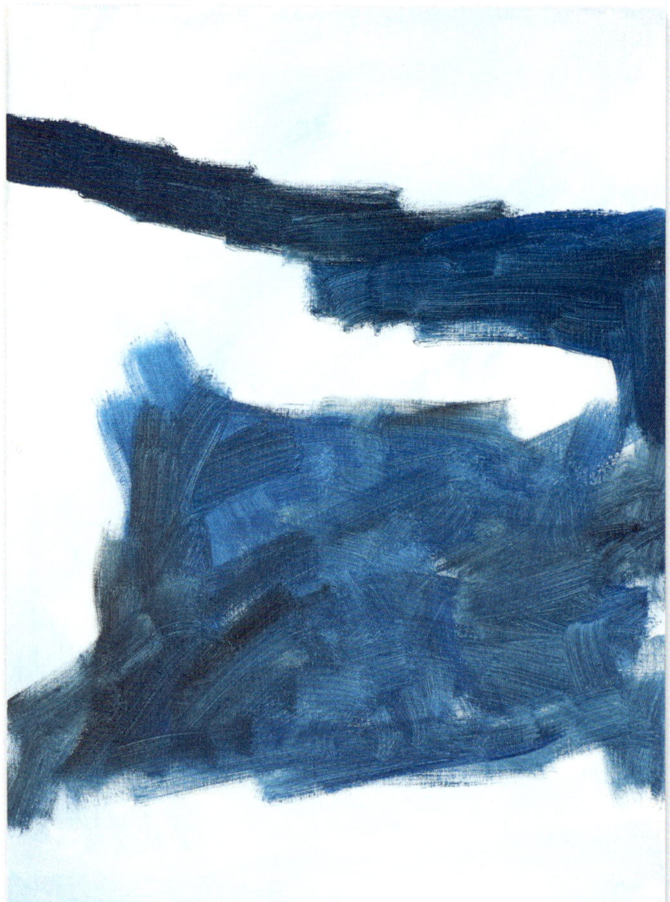

1. Schritt

Zunächst wird die Leinwand mit dem Universalpinsel grundiert, indem einer größeren Menge Titanweiß etwas Cyan zufügt wird.
Nach dem Trocknen wird Cyan mit einer sehr kleinen Menge Schwarz vermischt und damit eine große Fläche angelegt, die mit dem rechten und linken Bildrand verankert ist. Führe den Farbauftrag mit sich leicht kreuzenden Pinselstrichen aus, sodass die Fläche von einem lebendigen Duktus und einem Wechsel aus dichten und durchscheinenden Anteilen geprägt ist.

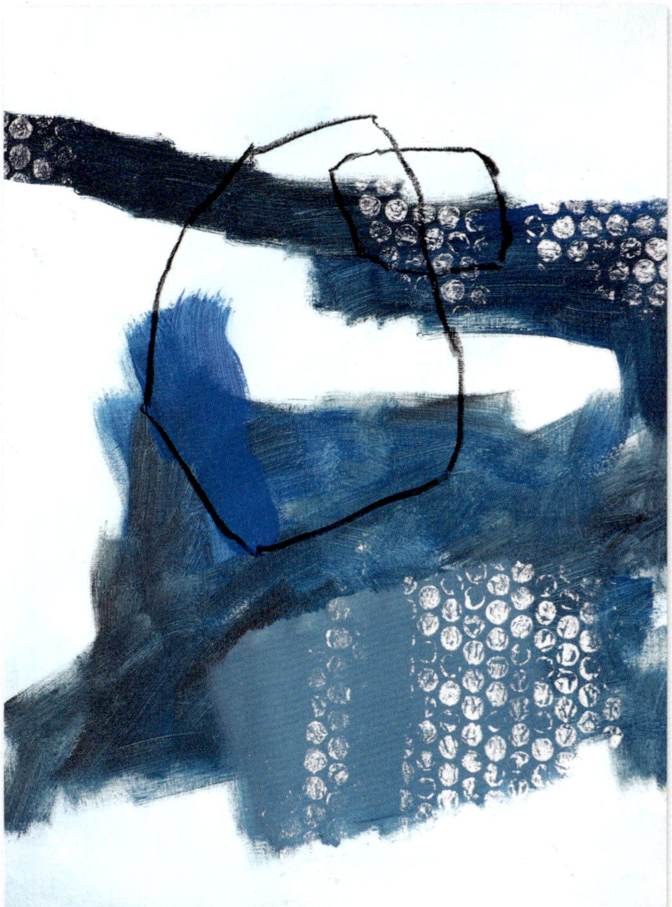

2. Schritt

Die nächsten Flächen sollten sich in Duktus, Größe, Form, Randgestaltung und Tonwert unterscheiden. Achte also darauf, dass die folgende Fläche kleiner ist als die Ursprungsfläche, klare statt ausgefranste Ränder aufweist und mit einem geraden Pinselstrich ausgeführt wird.
Die neue Fläche sollte die große Fläche sowohl teilweise überlagern als auch den Rand überschreiten. Der Farbton entsteht aus Cyan, wenig Schwarz und etwas Weiß.
Hattest du die letzte Fläche z.B. als liegendes Rechteck gestaltet, so sollte die nächste Form ein hochstehendes Rechteck oder Quadrat sein. Zur Farbgebung wählst du ein reines Cyan.
Der Abdruck einer Luftpolsterfolie in Weiß und eine lockere Kohlezeichnung erweitern das Farbspektrum.
Für den Abdruck wird Farbe mit dem Pinsel oder der Walze auf die erhabenen Noppen aufgetragen und anschließend auf den Malgrund gedrückt. Das Verfahren ist bei Wellpappe identisch.

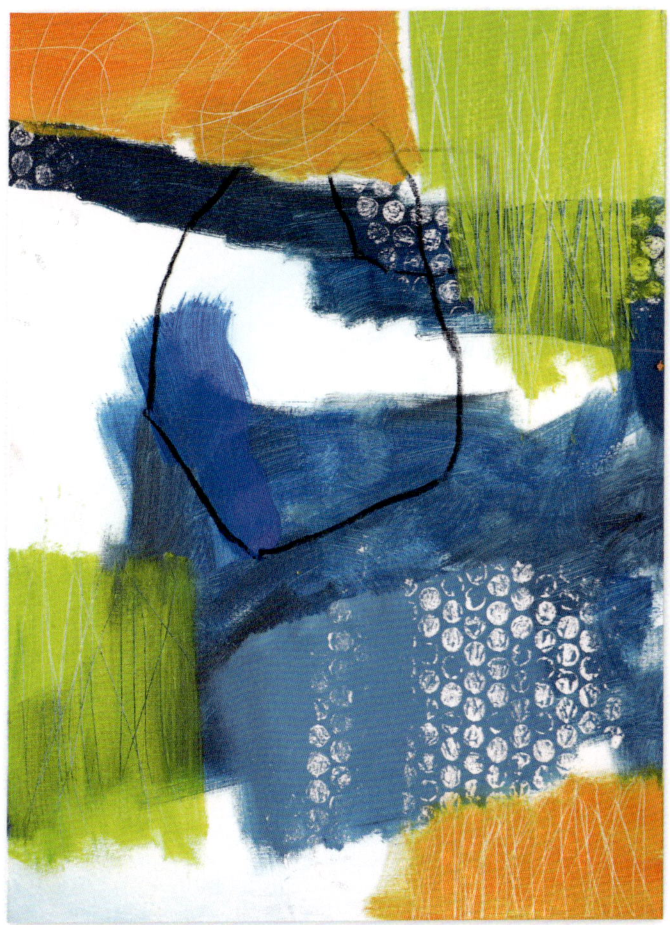

3. Schritt

Bevor neue Farben als Farbakzente ins Spiel kommen, fixiere die Kohlezeichnung mit einem Pastellfixativ-Spray, damit diese bei Übermalung nicht verwischt wird (siehe Tipp).
Lege nun jeweils zwei Farbflächen in den Sekundärfarben Grün und Orange an und achte darauf, dass sie immer einen Kontakt zum Außenrand des Bildes haben und nicht einseitig verteilt sind.
Das Orange entsteht aus einer Mischung von Gelb und Magenta, das Grün aus Cyan und Gelb. Beim Mischen empfiehlt es sich, mit der helleren Farbe zu beginnen.
Anschließend ritzt du mit der Spitze eines Haushaltsmessers oder mit der Kante eines Spachtels in die noch feuchten Farbflächen, sodass feine Linien entstehen.
Hierbei kannst du mit den Möglichkeiten der Strichführung spielen. Die so bearbeiteten Flächen haben nun mehr Transparenz und wirken interessanter.

4. Schritt

Weiter geht es mit der Farberforschung, indem ein Bunt-Unbunt-Kontrast gebildet wird.
Orange und Grün wirken klar, hell und leuchtend - wie auch das pure Cyan.
Diesen reinen Farben soll nun als Kontrast eine getrübte Farbe gegenübergestellt werden. Der gewählte Grauton ist durch die Mischung von viel Weiß und sehr wenig Schwarz sowie winzigen Mengen aller verwendeten Primärfarben gemischt.
Je nach Einsatz dieser Farbe verändert sich die Fläche in Bezug auf Größe und Form.
Werden mit ihr Flächen durchbrochen oder übermalt, kann sich eine völlig neue Grundkomposition ergeben. Auf jeden Fall solltest du von der Grundierung Anteile stehen lassen und außerdem jede Fläche in ihrer Farbigkeit mindestens einmal wiederholen.

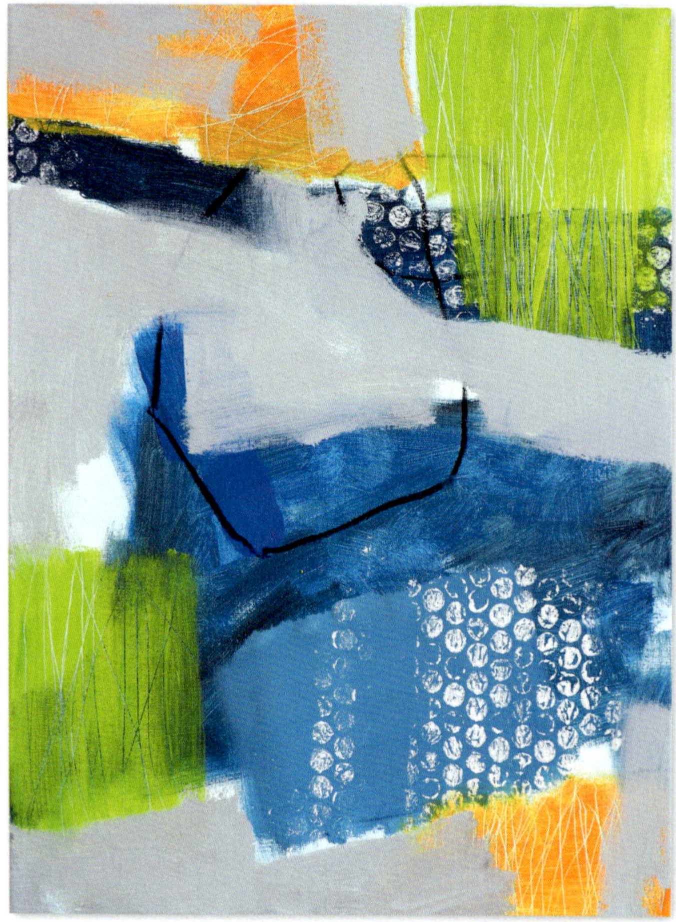

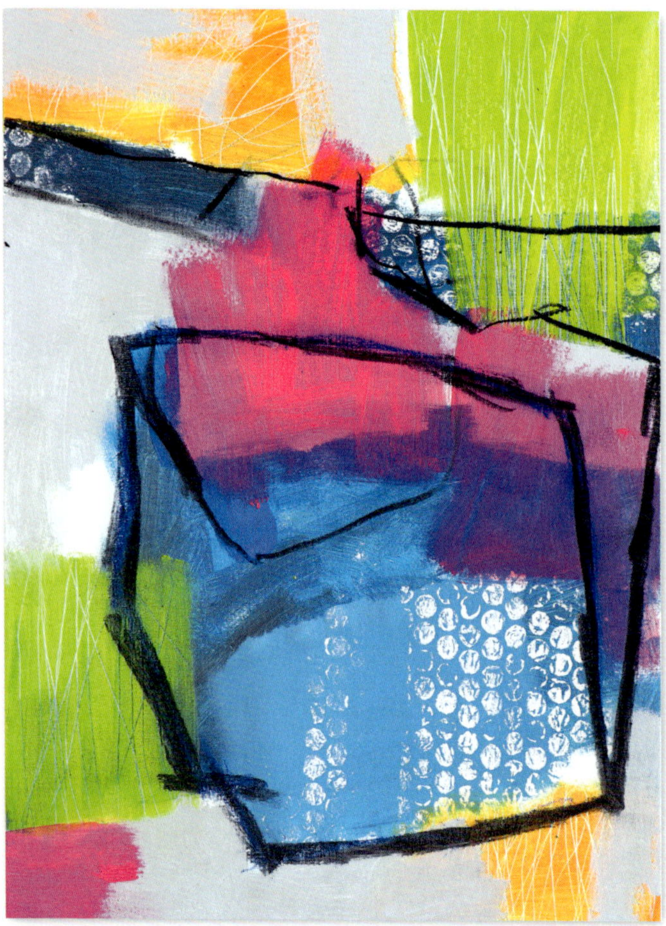

5. Schritt

Der Einsatz von purem Magenta erfolgt nach dem Flächenprinzip „groß - mittel - klein". In diesem Bild liegen die große und die mittlere Fläche nebeneinander und das Auge kann sie als eine große zusammenhängende Fläche erfassen. Diese Art der Positionierung wirkt interessanter als eindeutig zusammenhängende Flächen.
Die Farbflächen überlagern die bunten und grauen Farbpartien und machen die Möglichkeit einer Farbmischung durch die Schichtung deutlich.
Nach der Trocknung wird die Kohlezeichnung nun als verbindendes Element zwischen den einzelnen Flächen eingesetzt. Das Setzen von locker geführten Linien erfordert ein wenig Übung (siehe Tipp, S. 35).
Aber sei ruhig mutig, denn die Kohle lässt sich mit einem feuchten Lappen gut entfernen.

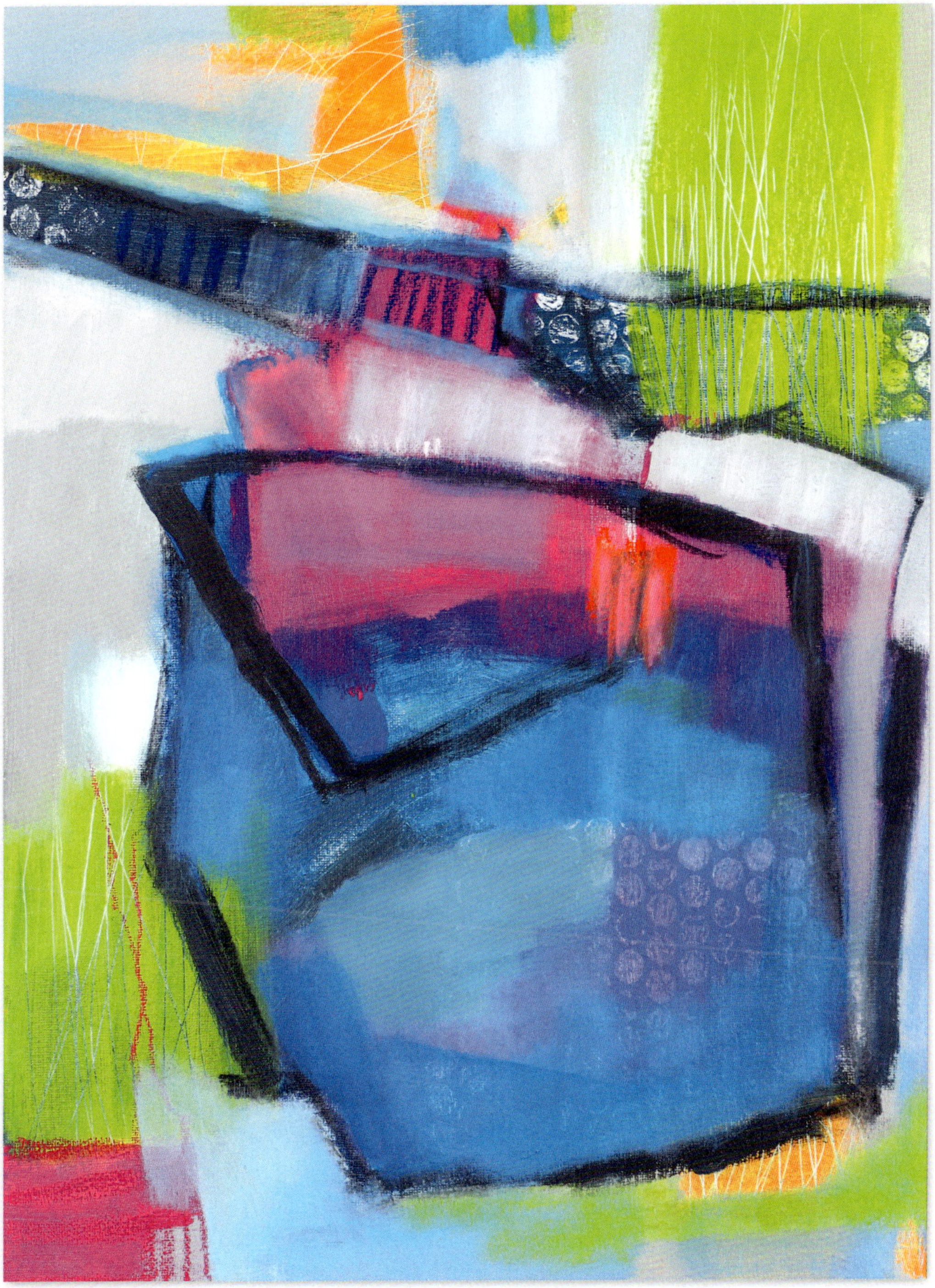

Fertiges Bild

Die neue durchgehende, stellenweise aber auch unterbrochene Linie in unterschiedlicher Stärke zieht den Blick auf sich. Sie entsteht, indem die angelegte Kohlelinie teilweise mit schwarzer Acrylfarbe nachgearbeitet wird. Gestalte nun den Raum innerhalb der Zeichnung durch farblich aufeinander abgestimmte Felder in Blau- und Violetttönen mit dem Pinsel aus, sodass sich ein harmonisches Miteinander ergibt.

Die Flächen außerhalb des Feldes werden mit hellen Farbtönen aus Weiß und einer Primärfarbe in Form und Größe verändert.

Drei nebeneinander platzierte rote Striche mit Kreide bilden nun den Fokus im Bild. Weitere Kreidestriche in farblich abgestimmten Tönen können akzentuierend hinzugefügt werden.

Tipp: Pastellkreiden und Kohle müssen im Gegensatz zu Ölkreiden fixiert werden, damit sie nicht verwischen. Dafür benutzt man ein sogenanntes **Pastellfixativ**, das aus etwa dreißig Zentimeter Abstand auf die entsprechenden Stellen aufsprüht wird. Der Vorgang wird je nach Auftragsstärke der Kohle und Kreiden mehrfach wiederholt, damit alle Farbpigmente haften. Um gesundheitliche Schäden zu vermeiden, sollte dies nicht in geschlossenen Räumen erfolgen.

Begegnungen 1 und 2

Du brauchst:

- 2 Leinwände, 30 × 40 cm
- Acrylfarben in Magenta, Cyan, Echtgelb, Zinnoberrot, Ultramarin, Schwarz, Weiß
- Pastellkreiden in Orange, Dunkelrosa, Cyan, Magenta
- Englische Zeichenkohle
- Universalpinsel, 1 ½″
- Universalpinsel, kurze Borste, 1″
- Universalpinsel, kurze Borste, ½″
- feiner spitz zulaufender Acrylpinsel
- Küchenpapier
- Wellpappe
- Pastellfixativ

Je nach Farbtheorie unterscheiden sich die Primärfarben. In der vorangegangenen Übung wurde mit Cyan, Magenta und Gelb gearbeitet, wobei Cyan als Basis diente. Diese Primärfarben entsprechen dem von Adolf Hölzel geschaffenen Farbkreis. Dieser orientiert sich an Goethes Farbenlehre, welche Purpur, Gelb und Blau als Grundfarben benennt.
Der Farbkreis nach Johannes Itten arbeitet mit den Grundfarben Zinnoberrot, Ultramarin und Gelb. Dieses Beispiel macht einen direkten Vergleich der Farbgebung möglich. Das linke Bild steht jeweils für Magenta als Ausgangspunkt, das rechte für eine Farbenwahl nach Itten.

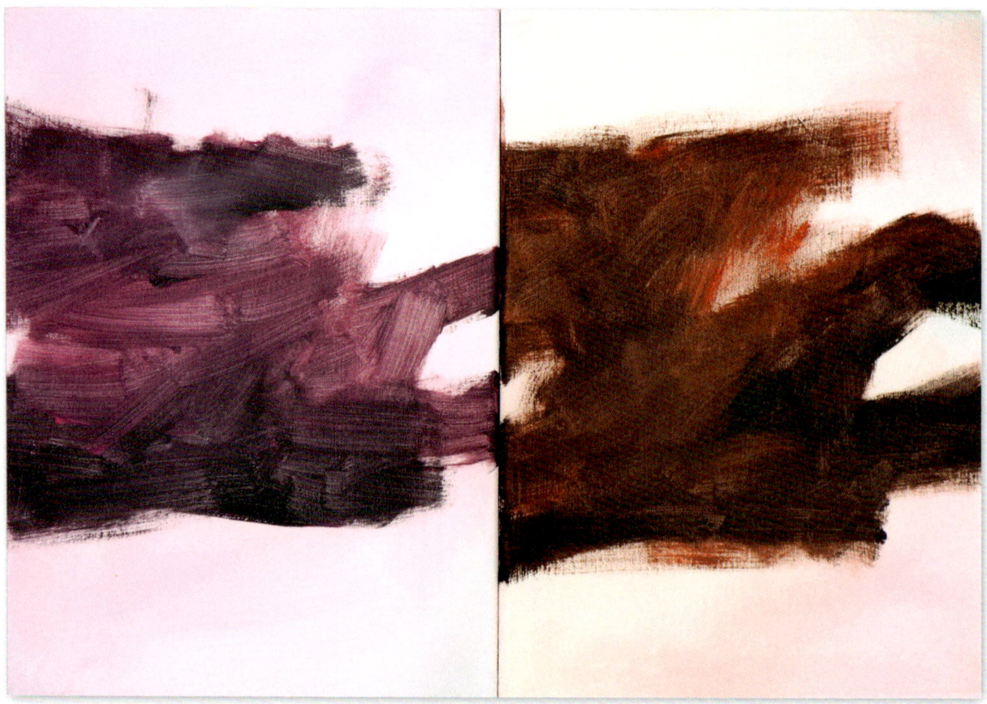

1. Schritt

Links: Grundierung aus viel Weiß und wenig Magenta, kombiniert mit einer großen Fläche aus einer Mischung von Magenta und etwas Schwarz.
Rechts: Grundierung aus viel Weiß und wenig Zinnoberrot, ergänzt durch eine Fläche aus viel Zinnoberrot und etwas Schwarz. Form und Ausführung entsprechen der vorigen Übung.

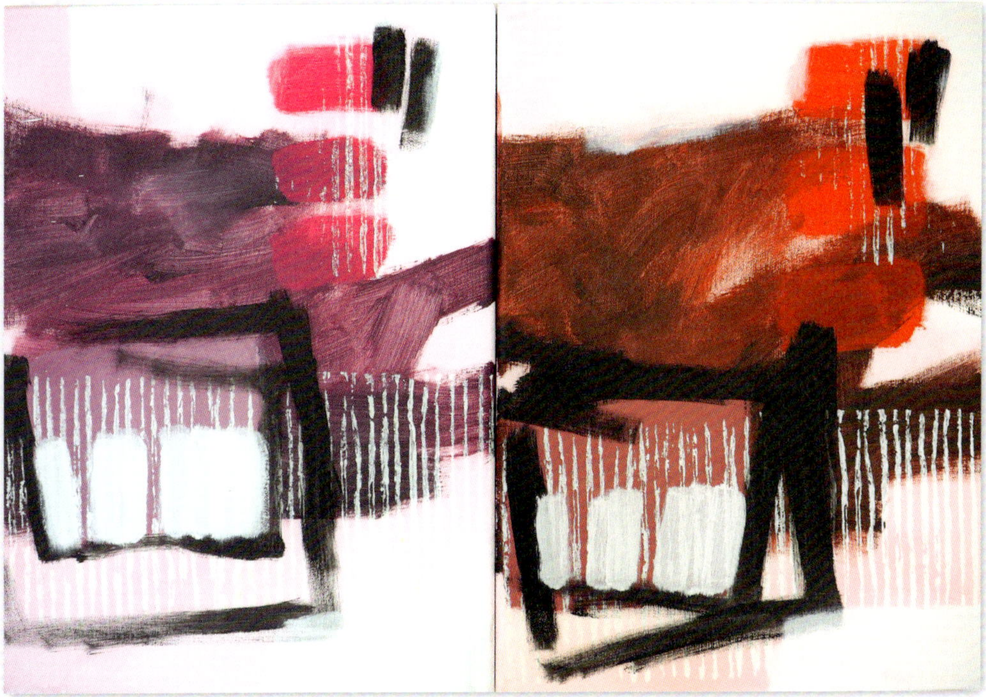

2. Schritt

Lege nun jeweils eine kleinere Fläche in einer Farbmodulation nach hell an, die die erste Fläche teilweise überlagert. Setze anschließend drei noch kleinere Elemente in der reinen Farbe dazu (siehe auch Schritt 2, S. 19).
Der Abdruck von Wellpappe mit weißer Farbe und kleine Felder in Weiß erweitern ebenso das Farb- und Formenspektrum wie die Zeichnung in Schwarz.
Links: Magenta, Schwarz und Weiß für die Modulation nach hell und Magenta als reine Farbe für die drei Elemente.
Rechts: Zinnoberrot, Schwarz und Weiß und separater Einsatz von Zinnoberrot.

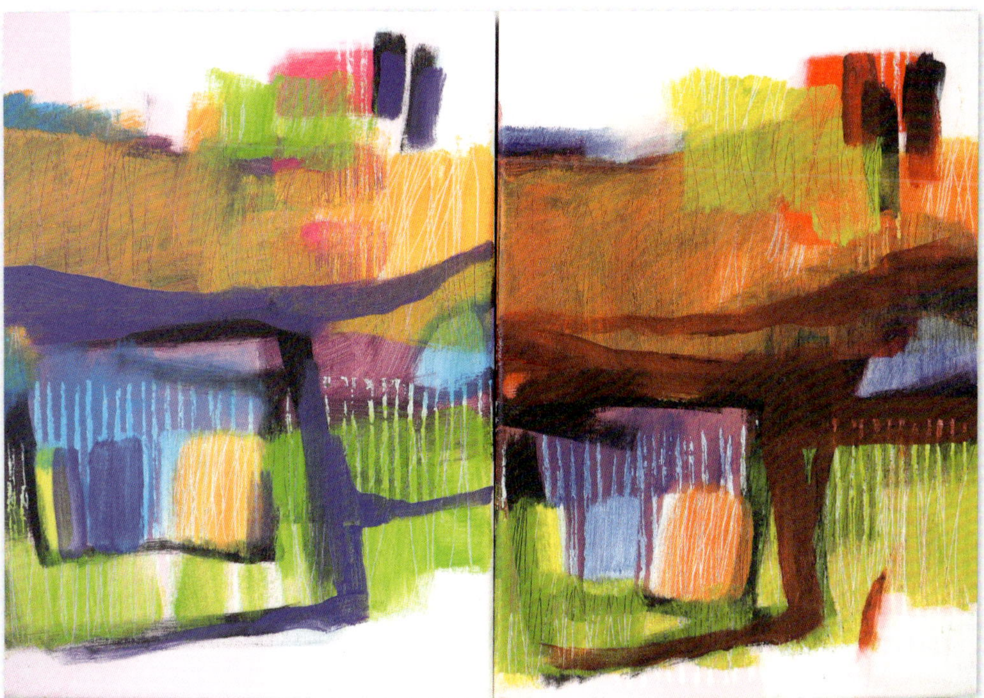

3. Schritt

Nun folgen Flächen in Orange und Grün. **Links** entsteht das Orange aus Magenta und Gelb sowie der Grünton aus Cyan und Gelb. Die markante Linienführung erhält ihren Farbton aus Cyan und Magenta. **Rechts** wird das Orange aus Zinnoberrot und Gelb gemischt und der Grünton aus Ultramarin und Gelb. Der Farbton für die Linien entsteht aus Zinnoberrot und Ultramarin.
Der jeweilige Linien-Farbton wird an verschiedenen Stellen wiederholt sowie Cyan bzw. Ultramarin als verschieden große Flächen in die Werke eingefügt.

4. Schritt

Nun entwickelt sich die Vorgehensweise ganz unterschiedlich.
Links bleibt die Farbgebung weitestgehend erhalten und wird lediglich durch Zufügen von kleineren im Farbton nuancierten Flächen oder Elementen feiner ausgearbeitet.
Rechts wird der Fokus deutlich platziert. Dies geschieht zum einen durch den starken Hell-Dunkel-Kontrast durch das Einbringen von reinem Weiß, zum anderen durch die klare Form der Figuren.

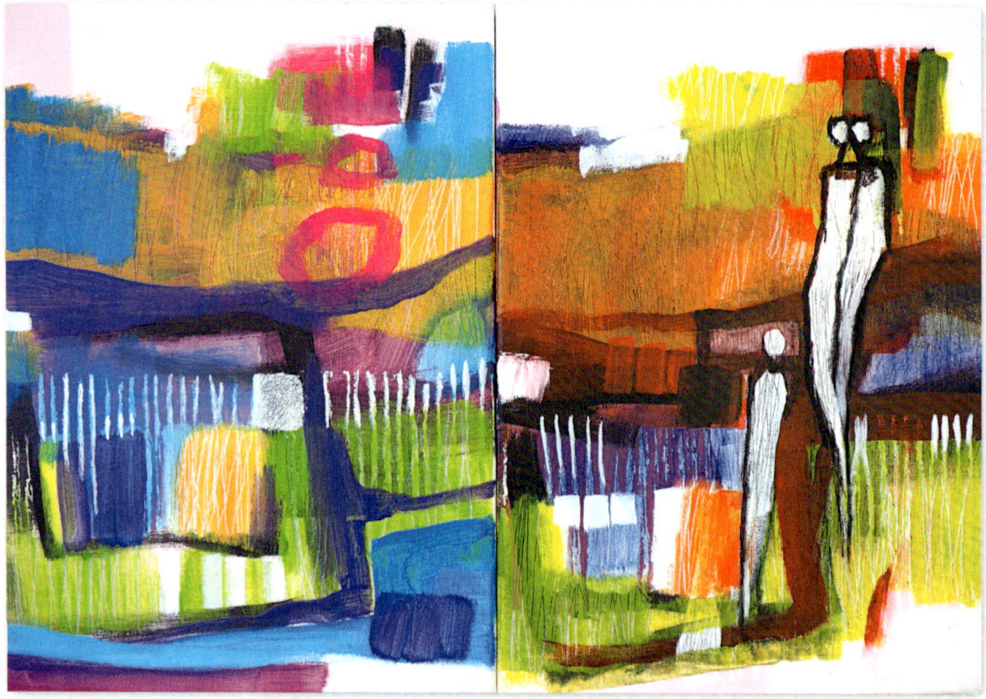

5. Schritt

Das **linke** Bild steht weiterhin unter dem Motto der kleinteiligen Feinarbeit mit Kreiden in Magenta und Cyan sowie zarten Strichen und Linien mit dem spitzen Pinsel in passenden Farbtönen.
Beim **rechten** Bild liegt der Schwerpunkt auf der Verstärkung der Helligkeit. Füge dafür einen grau-grünlichen Farbton aus Ultramarin, Gelb, Schwarz und Weiß in unterschiedlicher Nuancierung sowohl als Fläche als auch in Streifenform hinzu.

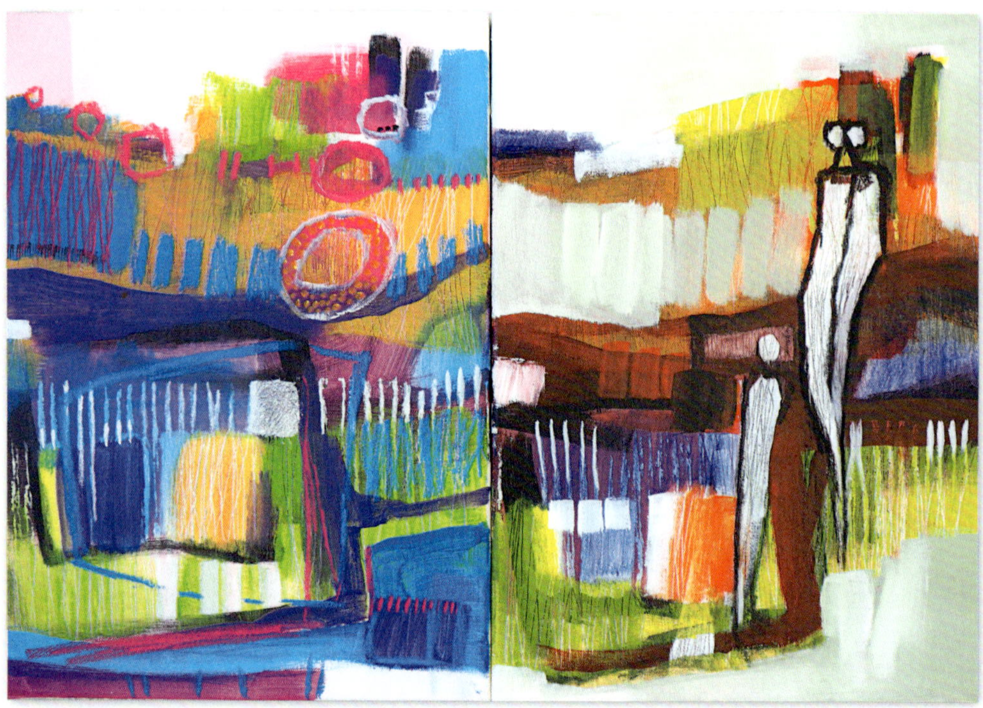

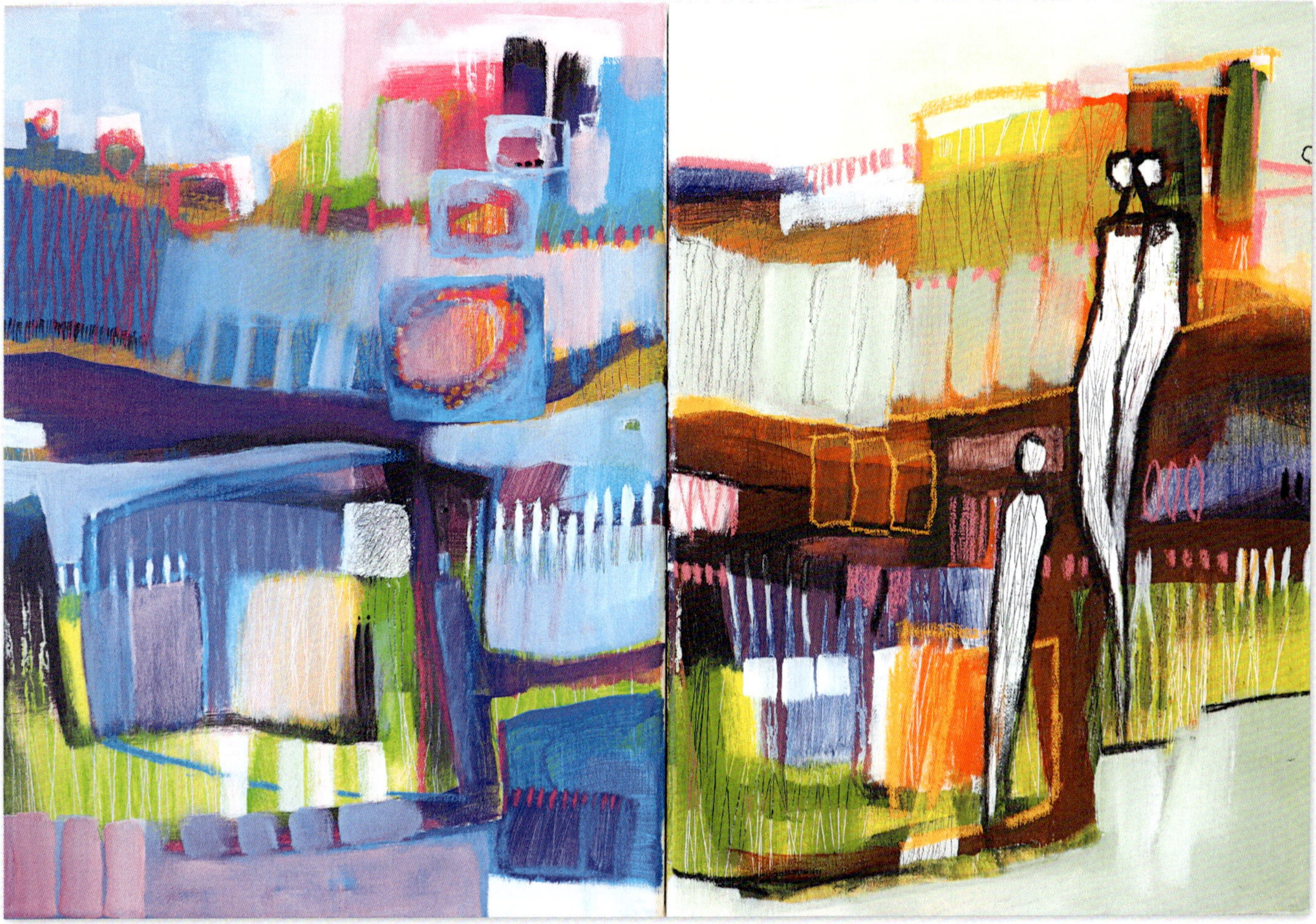

Fertiges Bild

Links wird das Bild nun aufgehellt und beruhigt. Dazu werden Magenta, Cyan und Weiß einmal pastellig rosa und einmal bläulich-violett gemischt. Für eine thematische Anlehnung an das rechte Bild wird eine Figur in Blautönen integriert.
Rechts ergänzen nun Kreidezeichnungen in Orange und Dunkelrosa sowie der Einsatz von Zeichenkohle das Werk. Kreide und Kohle müssen anschließend fixiert werden.
Der dargestellte Vergleich zeigt, dass die in diesem Buch beschriebenen Werke nur bedingt 1:1 übertragbar sind.

Tipp: Als **Modulation** bezeichnet man die Abstufung eines Farbtons, also eine Farbentwicklung von hell nach dunkel oder umgekehrt. Dazu mischt man eine reinbunte Farbe mit einer weiteren oder mehreren reinbunten Farben oder mit unbunten Farben wie Weiß, Schwarz oder Grau. Durch diese Helligkeitsabstufungen wird eine Licht-Schatten-Modulation erreicht, durch die Bildelemente plastisch erscheinen und eine räumliche Wirkung erzielt wird.

Blick in den Spiegel

Du brauchst:

- Keilrahmen, 30 × 40 cm
- Acrylfarben in Cyan bzw. Echtblau, Primärgelb bzw. Echtgelb, Titanweiß und Schwarz
- Borstenpinsel, kurze, harte Borste, ca. 1,5 cm
- Universalpinsel, Naturborste, ca. 2,5 cm und 1,8 cm
- Kohle
- Pastellkreide in passenden Farbtönen, z. B. Gelb, Blau, Grün, Grau, Weiß (hier Gelb)
- Küchenpapier oder Mallappen
- Pastellfixativ

In diesem Werk wird nur mit den Primärfarben Cyan und Gelb sowie Schwarz und Weiß gearbeitet. Es ist spannend zu sehen, welche Farbtöne aus diesem begrenzten Angebot hervorgebracht werden können.
Ganz bewusst wurde auf einen ruhigen Farbklang mit gedeckten erdigen Tönen hingearbeitet und daher auf die reine Mischung von Cyan und Gelb verzichtet, welche eher „laute" Grüntöne hervorbringt.
Diese Schrittfolge zeigt auch, dass man für einen Bildeinstieg kein Bild im Kopf haben muss. Insbesondere in den letzten Schritten wird deutlich, wie wichtig es ist, das eigene Tun immer wieder zu betrachten und ggf. Gestaltungsmöglichkeiten wahrzunehmen. Durch das Miteinander von SEHEN – REAGIEREN – HANDELN tritt man in den Dialog mit dem Bild und macht den Weg frei für ausdrucksstarke Bilder.

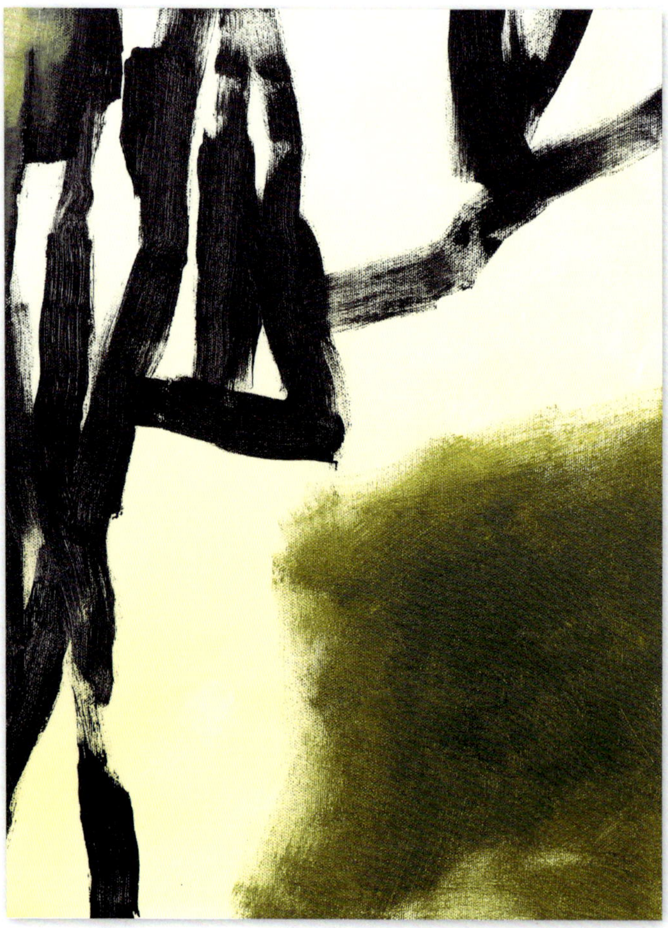

1. Schritt
Trage zunächst eine Grundierung mit viel Weiß und etwas Gelb auf, wobei die Farben auf der Leinwand mit dem Universalpinsel gemischt werden.
Der Pinsel mit den kurzen harten Borsten eignet sich hervorragend für die Linien. Ziehe diese mit schwarzer Farbe, indem du abwechselnd die schmale und die breite Seite des Pinsels benutzt. Eine große und eine kleine Fläche in einem erdigen Grünton aus viel Gelb und wenig Schwarz vollenden den ersten Schritt.

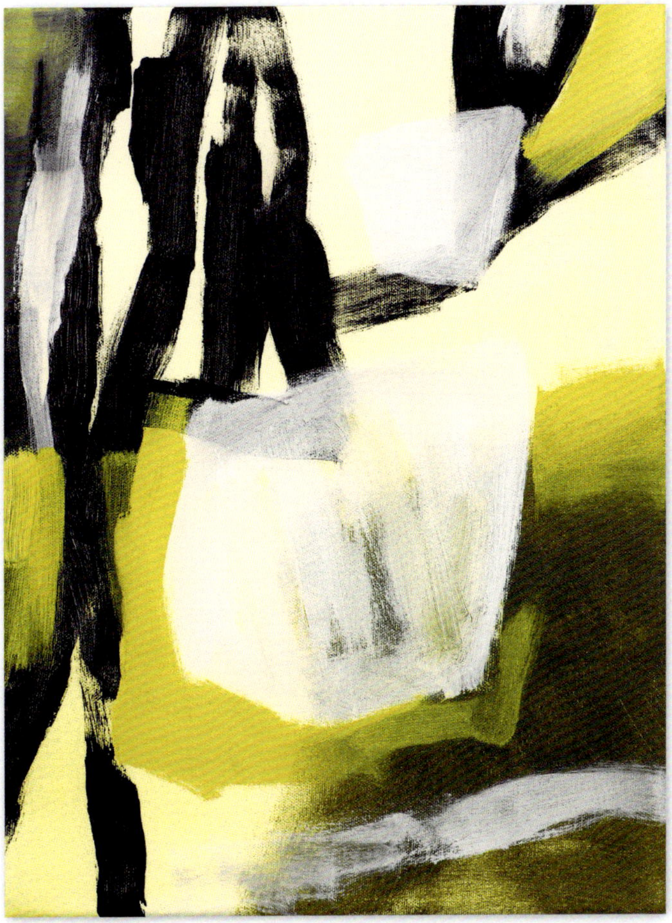

2. Schritt

Das Einfügen von drei unterschiedlichen Flächen in Weiß, die von unten nach oben kleiner werden, erzeugt eine Tiefenwirkung.
Denn das Auge nimmt die größere Fläche als vorne wahr und die immer kleiner werdenden als hinten.
Mit dem Pinsel wird eine vertikale und eine horizontale weiße Linie gezogen, welche einen lockeren Rahmen bilden.
Trage nun reines Gelb auf. Je nach Unterfarbe verändert sich die Farbgebung. Zart aufgetragenes Gelb auf schwarzem Grund wirkt hellgrün.
An manchen Stellen kommt eine Mischung aus Gelb und Weiß zum Tragen.
Gelbe Acrylfarbe hat in der Regel nur wenig Deckkraft. Durch die Zugabe von Weiß wird aus der eher transparenten Farbe eine deckende.

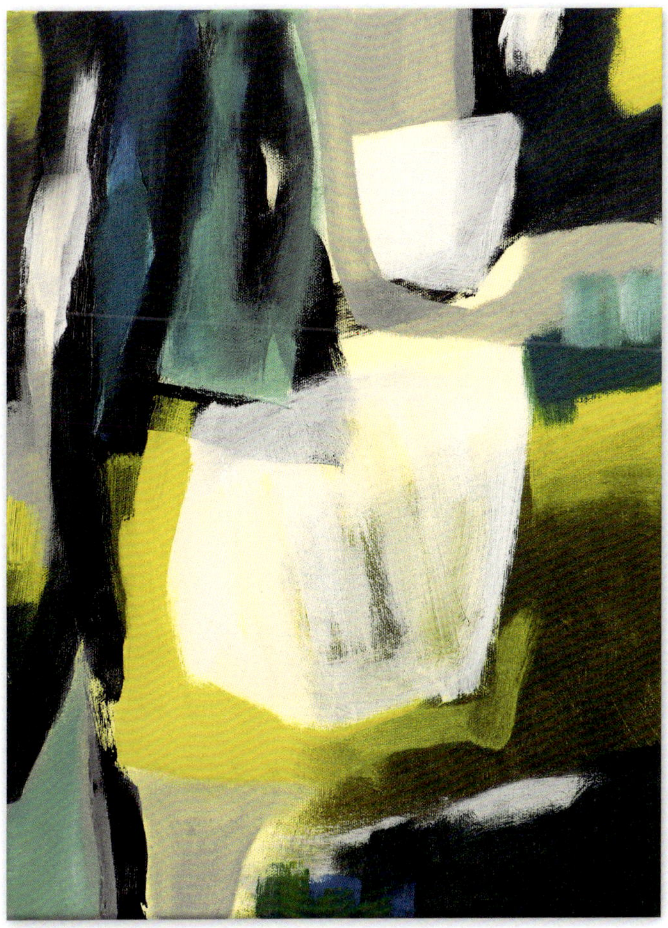

3. Schritt

Ein sehr schöner Grauton mit einem Hauch von Grün entsteht, indem viel Weiß mit wenig Schwarz und etwas Gelb gemischt wird.
Trage diesen Farbton teilweise so auf, dass sich deutliche Spalten zur nächsten Form bilden oder diese an anderer Stelle überlagern.
Dadurch gewinnt die obere weiße Fläche an Präsenz und im linken unteren Bereich wird die gelbe Fläche klarer begrenzt, sodass die Leuchtkraft verstärkt wird. Mit einem Farbton aus Cyan, Schwarz und Gelb werden die schwarzen Linien nachgezeichnet.
In gleicher Zusammensetzung, aber mit einem höheren Cyan-Anteil werden drei neue Flächen gesetzt.
Mit Weiß wird dieser Farbton moduliert und ebenfalls eingebracht.

4. Schritt

Setze nun mit dem kurzborstigen Pinsel markante Linien und Konturen, welche die schon vorhandenen Linien sinnvoll ergänzen und verschiedene Flächen einfassen. Auf diese Weise entstehen neue Formen und Konkretisierungen. Mische dazu der Farbe Schwarz ein wenig Cyan oder Gelb bei. So bekommt das Schwarz eine leichte Farbnuance und wirkt damit lebendiger. Mit einem kleinen weißen Feld am unteren Rand wird der Weg der weißen Flächen erweitert, sodass es einerseits als Bildeinstieg fungieren kann oder die Assoziation zu einer abstrakten Figur steigert.
In diesem Fall erinnert die obere weiße Fläche an eine Kopfform und die nach unten folgende größere weiße Fläche in Kombination mit der anschließenden gelben Fläche kann als Oberkörper interpretiert werden, sodass das zuletzt eingefügte weiße Farbfeld dann die Vorstellung von Beinen assoziiert.

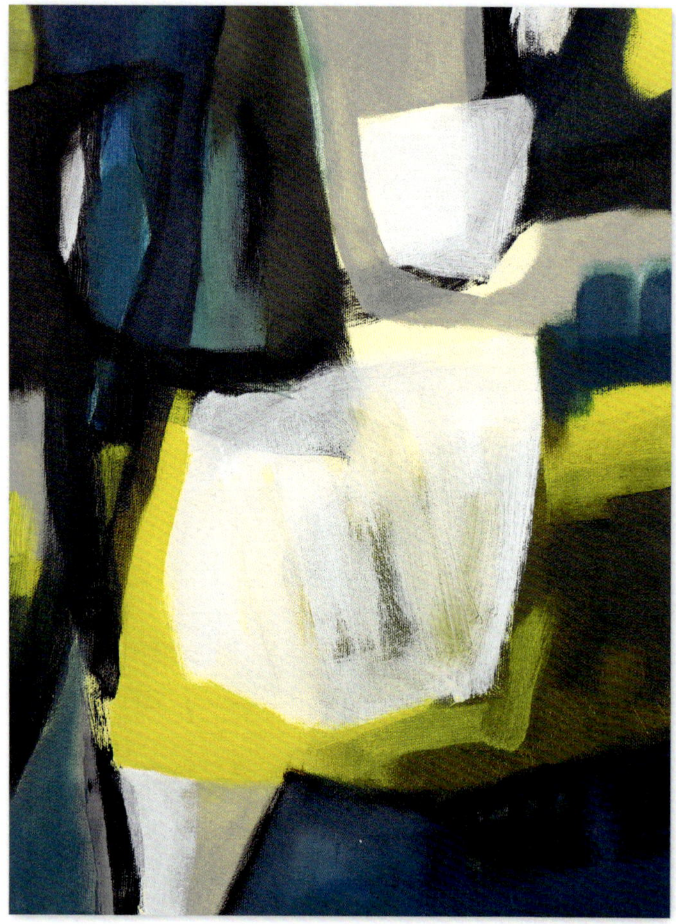

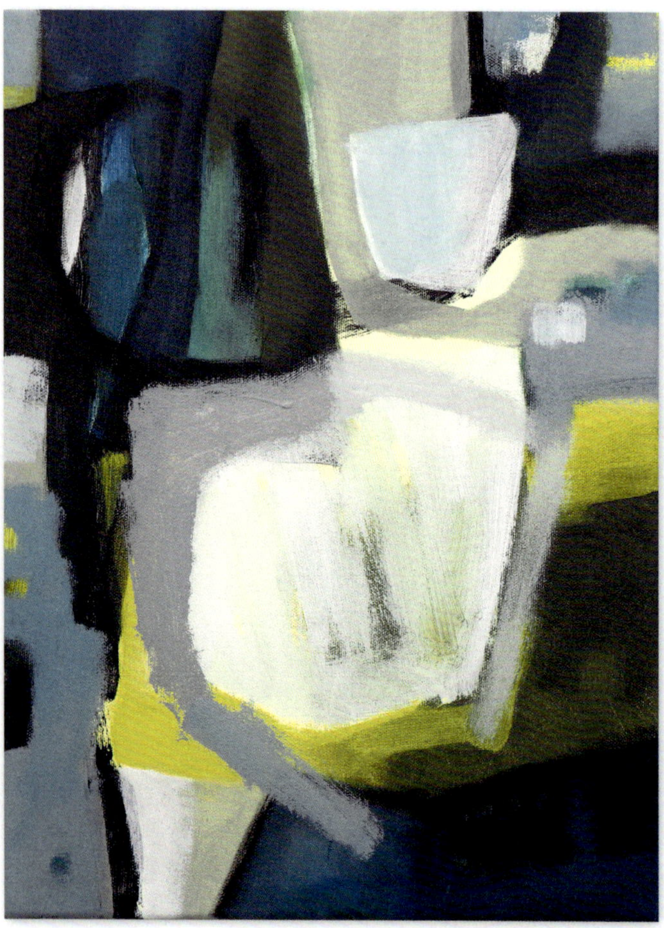

5. Schritt

Die Bildgestaltung kann sich an diesem Punkt noch ganz unterschiedlich entwickeln.
Eine allgemeine Beruhigung erfährt das Bild, indem du neue Flächen anlegst, die entweder zum Teil Linien überdecken oder mehrere Farbfelder zu einem verbinden wie zum Beispiel an der linken unteren Randseite das Farbfeld in einem dunklen Blau-Grau-Ton.
Dieser Farbton ist aus einer Mischung von viel Cyan, etwas Schwarz und Weiß entstanden.
Ein neuer Grauton aus viel Weiß, etwas Schwarz und Cyan findet seinen Einsatz als umfassende Linie in der Bildmitte und am rechten Rand als kleine Fläche.
Die Linien könnten auch als abstrakte Arme interpretiert werden.

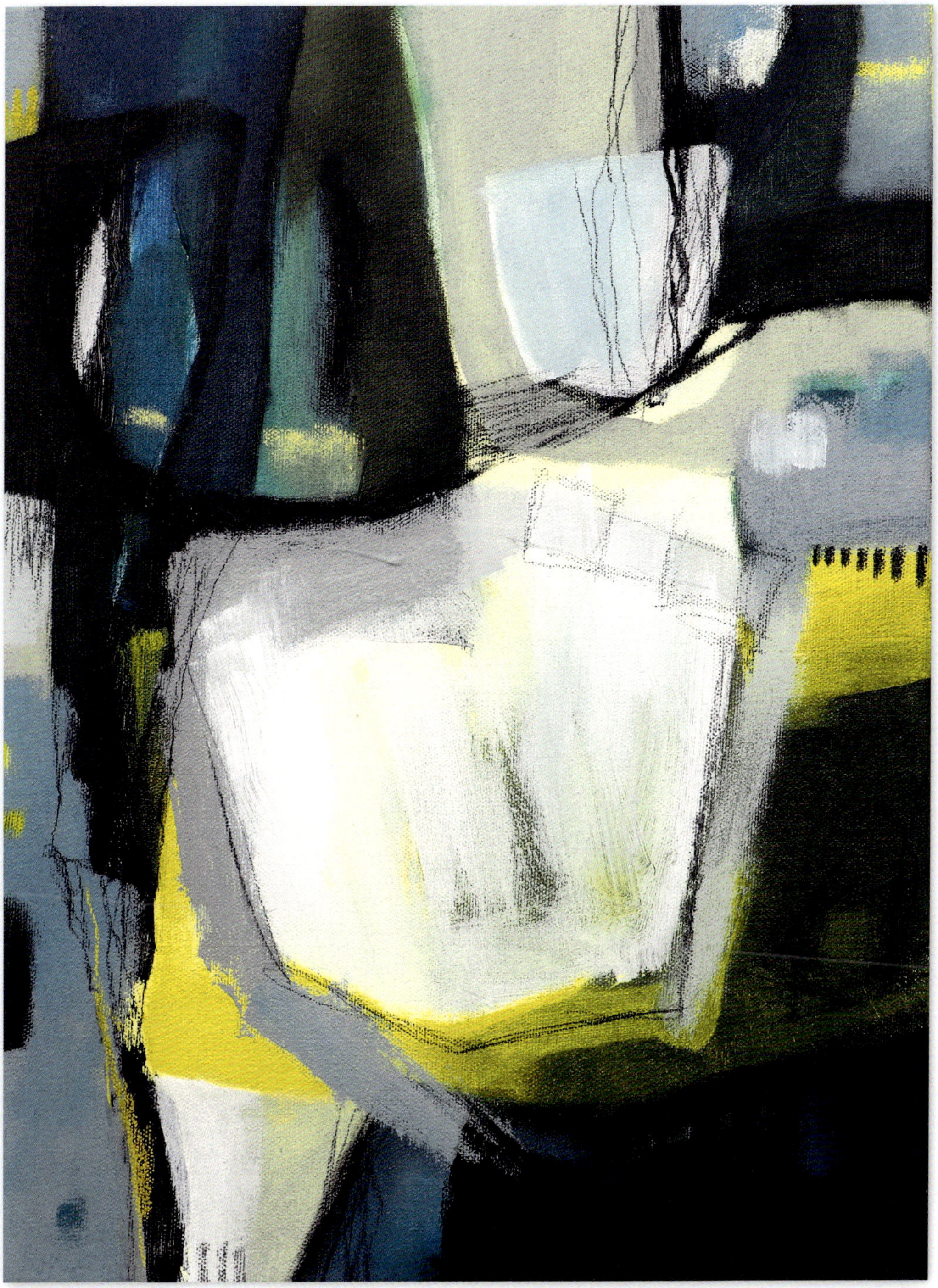

Fertiges Bild

Hebe nun die stark eingrenzende Wirkung der soeben gesetzten Linie wieder etwas auf, indem du Weiß mit den Pinselenden trocken aufträgst, sodass die Linie anschließend unregelmäßiger und unterbrochen erscheint. Das Bild-Finish erfolgt durch Kreide- und Kohlezeichnungen, die unterschiedliche Zwecke erfüllen: Im oberen Bildteil durchbrechen sie die helle halbrunde Fläche und verbinden diese gleichzeitig mit dem angrenzenden dunklen Bereich. Außerdem kann eine Fläche grazil verlängert werden. Dies geschieht auch mit gelber Kreide am oberen Abschluss des großen mittleren Elementes.

Tipp: Neben reinen und gebrochenen Farbtönen gibt es noch die sogenannten „**Nicht-Farben**". Diese Farben werden als Weiß, Schwarz oder Grau wahrgenommen. Besonders spannend ist das Anmischen solcher unbunten Farbtöne aus den Primärfarben plus Schwarz und Weiß. Mische z.B. Grau aus viel Weiß und wenig Schwarz und ergänze es mit einer Primärfarbe. Oder mische eine Komplementärfarbe mit einer Primärfarbe und verändere diese mit Weiß und/oder Schwarz.

Farbfelder I

Du brauchst:

- Leinwand, 30 × 40 cm
- Acrylfarben in Cyan, Schwarz, Weiß, Echtgelb hell
- Gesso in Schwarz oder Acrylfarbe in Schwarz
- Universalpinsel, kurze Naturborste, 1″ und ¾″
- Synthetikpinsel „extra fine“, nadelspitze Borste, Gr. 4
- Messer mit spitzer Klinge

Wie bereits im vorangegangenen Bild wird auch in diesem Beispiel mit einer begrenzten Farbpalette gearbeitet.
Es sind wieder die Primärfarben Blau und Gelb in Kombination mit Weiß und Schwarz, aber da sich die jeweiligen Mischverhältnisse deutlich unterscheiden, entsteht in diesem Werk ein völlig anderer Farbklang.
Des Weiteren stehen Kontraste und eine klare Formensprache im Fokus der Bildgestaltung. Diese Anleitung ist für Einsteiger gut geeignet, da man hier die Farbkombination Blau/Gelb sehr schön erproben kann.
Außerdem beinhaltet die Anleitung mehrere Anregungen zur unterschiedlichen Pinselführung, sodass daraus resultierende Erfahrungen auch für andere Bildgestaltungen nützlich sein können.

1. Schritt

In diesem Schritt wird mit dem breiten Universalpinsel gearbeitet. Grundiere die Leinwand zunächst mit schwarzem Gesso und lege nach dem Trocknen im oberen Bilddrittel einen Farbauftrag mit einer Mischung aus Cyan mit etwas Schwarz an.
Das leuchtende Quadrat am linken Bildrand entsteht durch die Verwendung von purem Cyan. Eine dritte Fläche in reinem Weiß unterscheidet sich von den beiden vorherigen in Größe, Form und Randgestaltung.
Alle drei Farbflächen haben Kontakt zum Bildrand und wirken dadurch verankert.

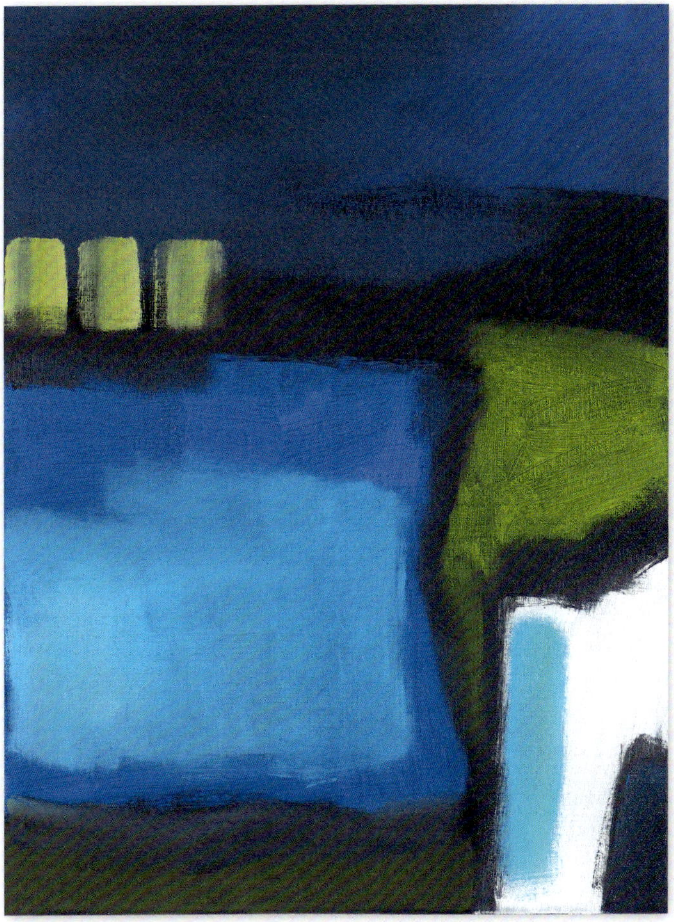

2. Schritt

Setze nun eine Farbfläche aus Echtgelb hell in den Zwischenraum zwischen Cyan und Weiß. Achte dabei darauf, dass die Flächen nicht direkt aneinander anschließen, sodass der dunkle Untergrund wie eine unregelmäßige Umrahmung der gelben Fläche wirkt. Gelb mit ganz wenig Schwarz gemischt verändert die Fläche unterhalb des Quadrats, sodass diese sich nun als tiefgrüne Fläche abbildet. Füge dieser Mischung noch etwas Weiß hinzu und setze damit die drei kleinen Elemente im linken Bildteil ein. Der Pinsel ist dabei fast trocken und die Farbmenge mäßig. Nach einer ersten Anlage der drei Elemente werden die Farbreste im Pinsel erneut leicht versetzt darüber geführt. Füge anschließend rechteckige Farbflächen aus Cyan mit ganz wenig Weiß gemischt ein - einmal im Quadrat und einmal im weißen Feld. Die Anteile variieren dabei leicht.

3. Schritt

Zur Anlage der duftig leichten Punktefläche setzt du mit der feinen Spitze des Synthetikpinsels viele kleine Punkte nebeneinander, die das Auge zu einer Fläche verbindet. Dies ist eine schöne Methode, um luftige und gleichzeitig interessante Flächen zu bilden.
Wenn du nun mit demselben Pinsel oberhalb des Quadrates kleine linienförmige Rechtecke anlegst, erfolgt dies nach demselben Prinzip.
Überarbeite mit dem kleineren der beiden Universalpinsel das weiße Farbfeld, indem du die bereits vorhandene blaugraue Fläche erweiterst.
Der entsprechende Farbton ist das Mischergebnis von viel Weiß, minimal Schwarz und etwas Cyan.
Dieser Farbton wird auch nicht ganz deckend auf die drei gelben Rechtecke aufgetragen, sodass nur noch ein gelber Rahmen stehen bleibt.

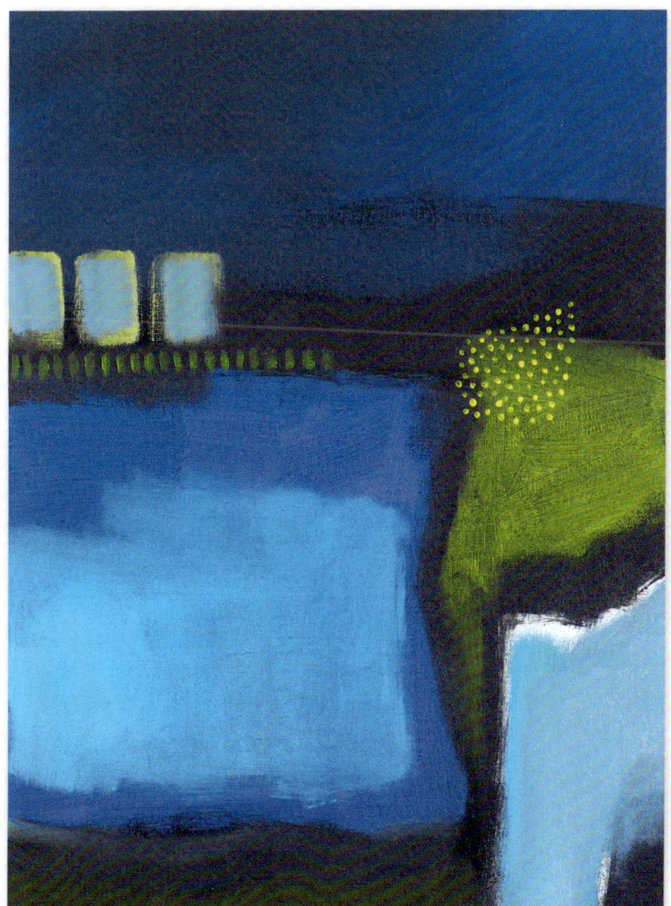

4. Schritt

Nun widmen wir uns der blauen quadratischen Fläche im linken Bildteil. Mit ihren beiden verschachtelten Blauanteilen wirkt sie bereits interessant, könnte sich aber mit einer Farbwiederholung von Gelb harmonischer einfügen. Mische Cyan, Weiß und Gelb zu einem hellgrünen Farbton, mit dem du die fünf aufrechten Elemente im Quadrat gestaltest.
Die Formgebung orientiert sich an den schon vorhandenen Rechtecken. Es ist aber wichtig, dass sie sich in der Größe unterscheiden. Damit diese Formen nicht zu dominant erscheinen, werden mit der Messerspitze Linien in die noch feuchte Farbe gezogen.
Verstärke nun den bereits vorhandenen weißen Rand im Farbfeld in der unteren rechten Ecke durch zarte weiße Pinselstriche mit dem Feinpinsel.
Mit etwas Fantasie könnte man die Farbwiederholung am unteren Rand als Figur interpretieren.

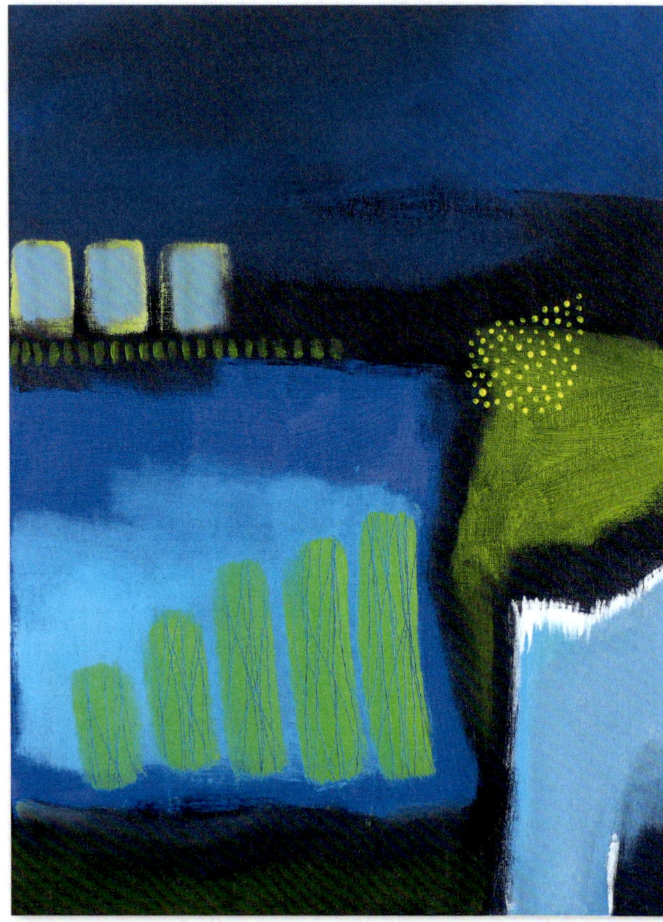

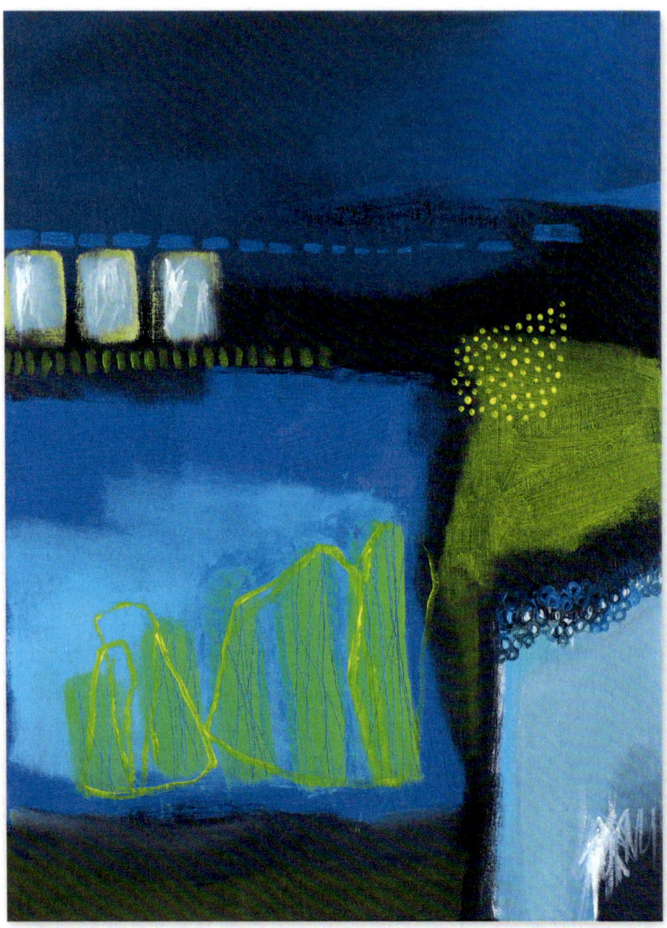

5. Schritt

Mit dem feinen spitzen Universalpinsel werden die im vorigen Schritt eingefügten Elemente mit Linien in Echtgelb eingebunden und in weichere Formen verwandelt. Die Linie soll locker wirken. Dies kannst du erreichen, indem du den Pinsel möglichst weit hinten fasst und darauf achtest, dass Druck und Farbabgabe variieren. Dann wird mit dem kleinen Pinsel in einem passenden Blauton von außen an die Linie herangearbeitet, sodass sich neue konkrete Formen bilden.
Belebe die Flächen der oberen Rechtecke mit kleinen weißen Pinselstrichen und wiederhole sie unten rechts. Den neuen oberen Abschluss der angrenzenden Fläche bilden kleine Kringel in Cyan und Schwarz.
Kleine liegende Farbelemente in Cyan wirken wie eine Horizontlinie.

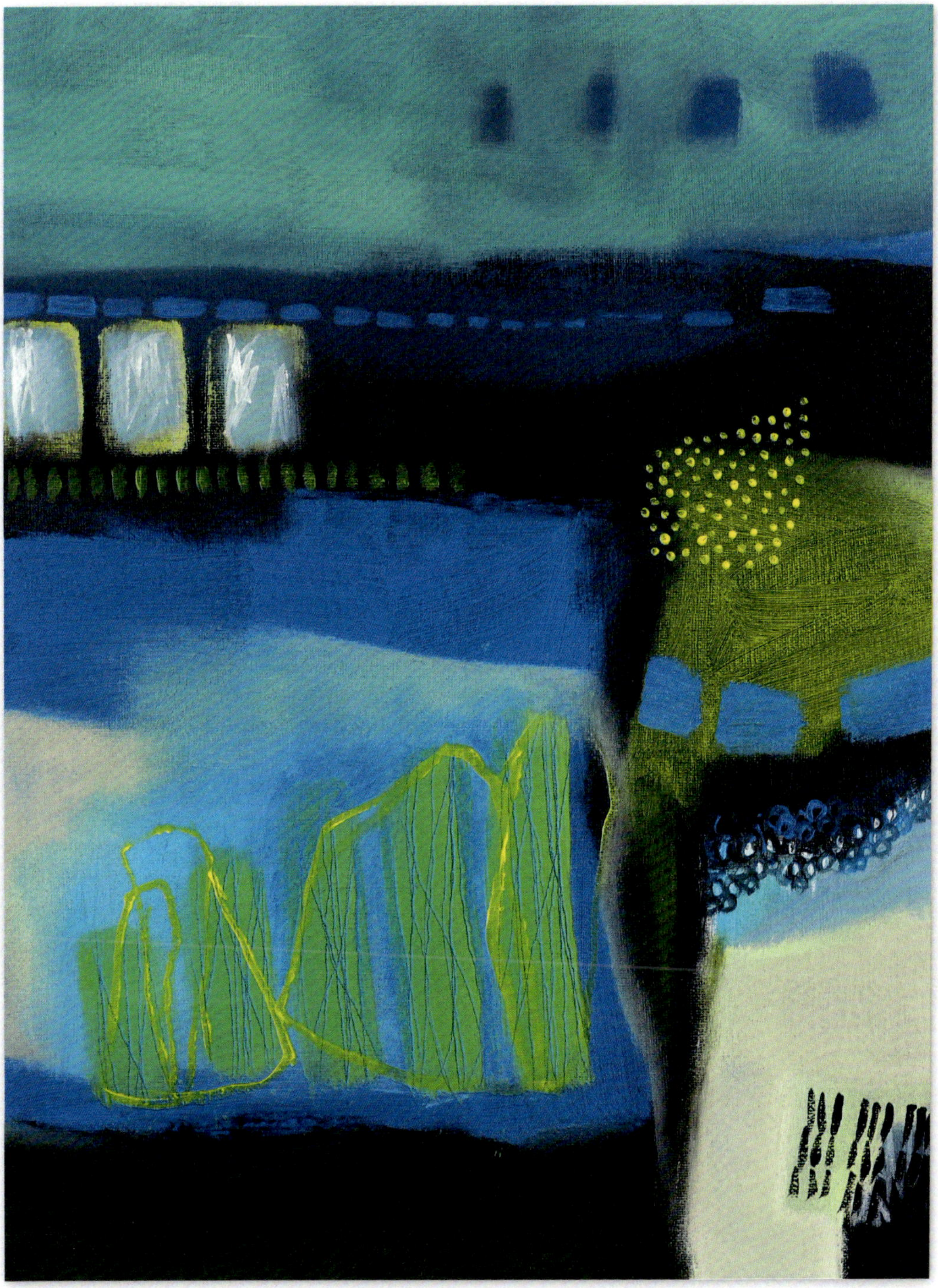

Fertiges Bild

Verändere nun oberhalb dieser Horizontlinie die Farbgebung, indem du eine Mischung aus Cyan, Schwarz, Gelb und Weiß hauchzart darüberlegst. Spare dabei vier kleine Quadrate aus.
Moduliere diesen Farbton noch etwas heller und füge ihn als Übermalung unten rechts ein. Auch im Quadrat findet er noch mal Verwendung.
In das neue Farbfeld in der rechten unteren Ecke wird ein schwarzes Feld aus mehreren Strichen eingefügt.
Die Vollendung des Bildes bilden am rechten Bildrand mittelblaue Elemente aus einer Cyan-Weiß-Mischung auf gelbem Grund.

Tipp: Versuche auch einmal eine Variante, bei der du die Schrittfolge **auf weißem Grund** beginnst. Die Wirkung der Farben verändert sich und der Kontrast nach dunkel entfällt. Eine weitere Möglichkeit, mit Farben und Formen zu experimentieren, ist die Veränderung des Blautons z.B. durch Ultramarin oder Kobaltblau. Und wird Blau durch einen Rotton – z.B. Magenta oder Zinnoberrot – ersetzt, ergibt sich ein völlig anderer Farbklang.

Lass es los

Du brauchst:

Leinwand, 50 × 50 cm

Acrylfarben in Karminrot, Pyrollerot, Zinnoberrot, Signalrot, Permanentorange, Schwarz, Weiß, Permanentgrün hell, Türkisgrün, Cyan, Echtgelb hell, Hellgrau

Pastellkreiden in Farbtönen nach Wahl

Gesso in Schwarz

Universalpinsel, ca. 2 cm

Katzenzungenpinsel, Synthetikborste, Gr. 8

Universalpinsel, kurze Borste, ca. 1 cm

Synthetikpinsel mit feiner Spitze, Gr. 4

Lochschablone

Luftpolsterfolie

Farbwalze (Linolwalze)

Schaumstoffrolle

Gewebe aus dem Dekobereich

„Lass es los" ist ein Werk, welches mit verschiedenen Kontrasten spielt. So begegnen sich z.B. die bläulichen Farben des Hintergrundes und die rot-orangefarbenen Flächen in einem Kalt-Warm-Kontrast. Weich gestaltete Flächen treffen auf ruppige Partien und erzielen daher eine reizvolle Unterschiedlichkeit im Auftrag. Linien und Striche durch Farbe oder Kreide ergänzen das Bild auf unterschiedliche Art.

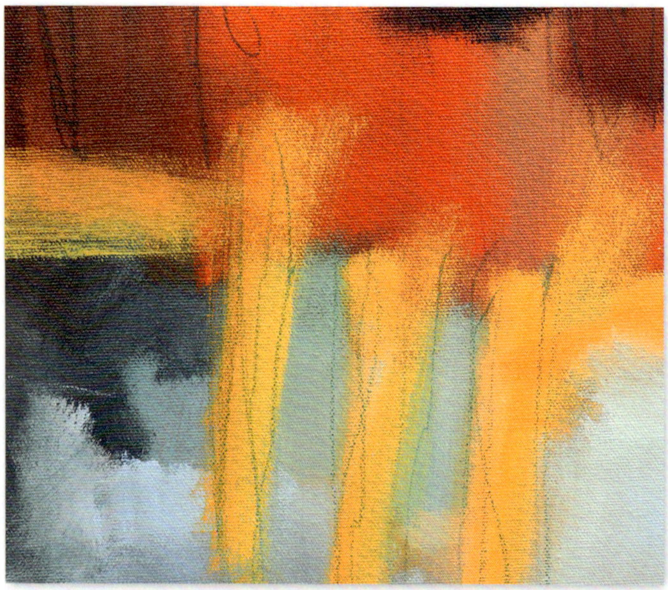

Detail 1
Der Bildausschnitt zeigt drei senkrecht verlaufende Striche, die sich in der Größe minimal unterscheiden und leicht versetzt angeordnet sind. Eine ungerade Anzahl wird vom Auge als harmonischer empfunden als eine gerade. Die Ausnahme bildet die Zweier-Anordnung, da diese als Paar wahrgenommen wird.

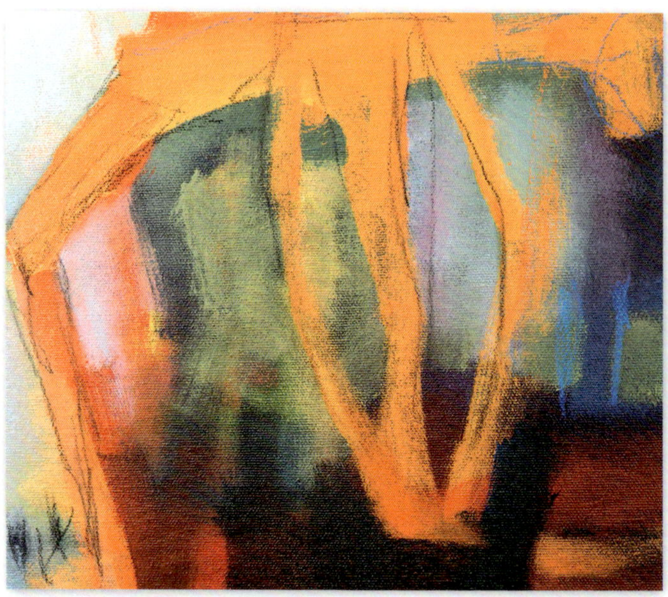

Detail 2
Zusammengeführte Linien können wie hier abgebildet zu einem Element werden oder – wie im linken Teil des Bildes – der Bildung einer neuen Formgebung innerhalb einer Farbfläche dienen. Der Bildausschnitt lässt auch gut die feinen Nuancierungen innerhalb des monochrom anmutenden Hintergrunds erkennen.

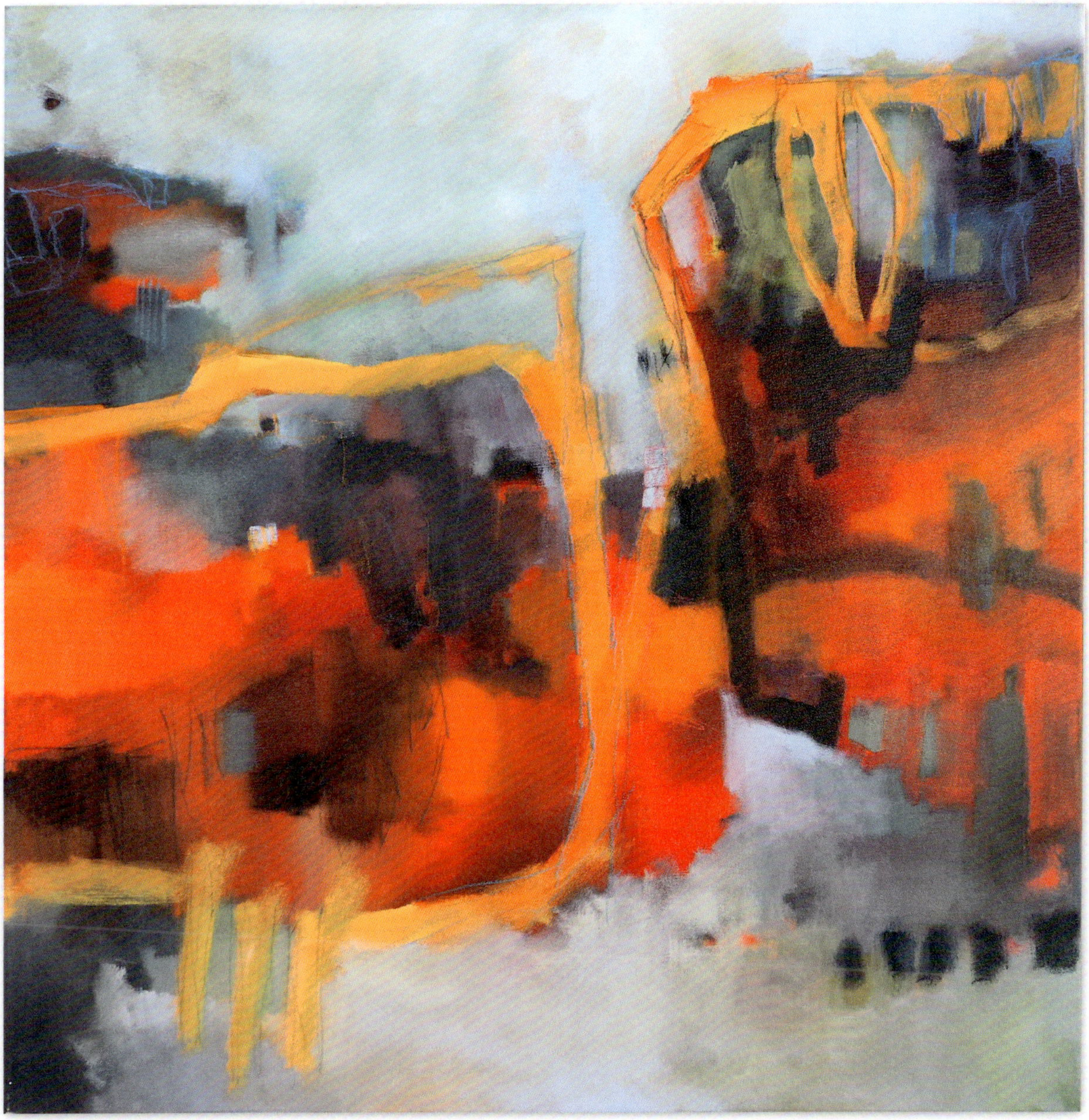

Vorgehensweise

Dieses Bild wurde mit einer Vielzahl an unterschiedlichen Farbtönen gestaltet. Eine Anlage aus verschiedenen Farbtönen, die in einem rot-orangefarbenen Farbklang mit dunklen Anteilen mündet, wird nach ihrer Trocknung mit hellen Farben bearbeitet.
Die Farben Hellblau, Kieselgrau und Beige werden in unterschiedlichen Anteilen miteinander auf der Leinwand gemischt und durch weitere Farbtöne nuanciert. Die neuen Farbflächen fassen die Rottöne ein, sodass diese eine Negativform bilden. Klare Farbanteile, Linien und Flächen bilden Verbindungen und Akzente.

Tipp: Die Gestaltung von **freien und ausdrucksstarken Linien** bereitet oft Schwierigkeiten. Gib deiner Linie eine Emotion, indem du mit Druck und Malrhythmus spielst.
Für ein freies Linienspiel ist es hilfreich, Kreide, Stift, Pinsel etc. möglichst weit am Ende zu fassen. Das erschwert eine exakte und kontrollierte Linienführung, sodass sie lebendiger erscheint. Das gleichzeitige Drehen führt zu Unregelmäßigkeiten, die das Ergebnis positiv beeinflussen.

Kraft und Stärke

Du brauchst:

- Keilrahmen, 30 × 24 cm
- Acrylfarben in Zinnoberrot, Echtgelb, Orange, Permanentgrün hell, Elfenbein, Titanweiß, Cyan, Signalrot, Mittelgrau
- Gesso in Weiß
- Acryl-Paint-Marker in Schwarz, 8–15 mm
- Farbwalze (Linolwalze), 6 cm
- Englische Naturkohle, 3–4 mm
- Pinsel, gerade Synthetikborste, 12 mm

Die Entwicklung des Werkes verdeutlicht, welche Leuchtkraft und fröhliche Wirkung ein Farbe-an-sich-Kontrast hat, weshalb dieser auch gerne zu Werbezwecken genutzt wird. In der modernen Malerei finden sich viele Beispiele wie z.B. in Werken von Franz Marc oder Wassily Kandinsky.
Bei diesem Kontrast, auch Buntkontrast genannt, handelt es sich immer um die Verwendung von ungetrübten reinen Farbtönen, also Farben, die weder mit Weiß noch mit Schwarz gemischt wurden.
Wird Weiß oder Schwarz als Linie oder Fläche zwischen die reinen Farben gesetzt, beeinflusst dies ihre Intensität.
Schwarz führt eher zu einer Minderung, Weiß stärkt den Kontrast.
Weitere Kontrastformen werden in dieser Anleitung ebenfalls thematisiert.

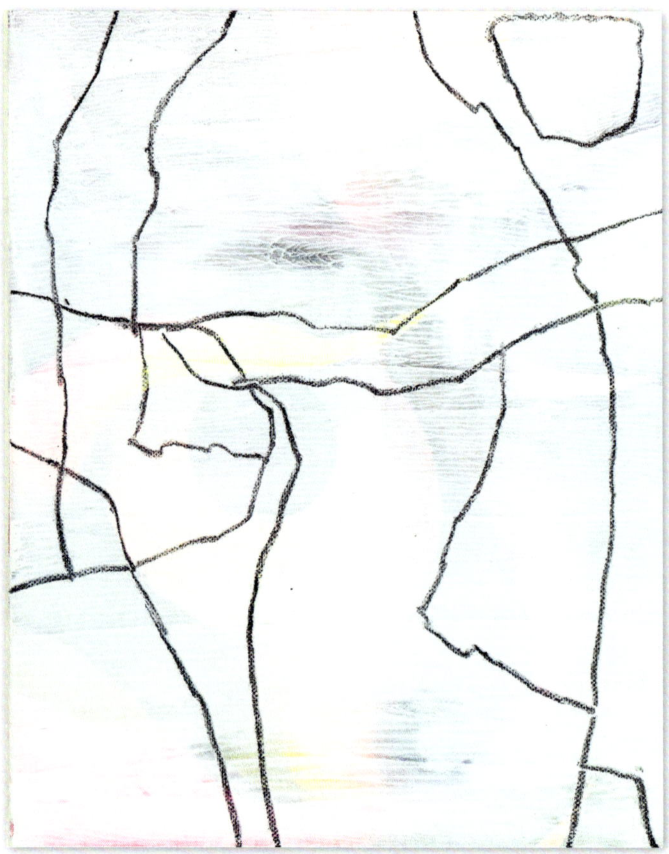

1. Schritt
Grundiere zunächst den Keilrahmen – hier ein als misslungen aufgegebenes Bild –, indem du eine satte Menge Gesso mit der Walze aufnimmst und in gleichmäßigen Querbewegungen auf der Leinwand verteilst. Auf diese Weise entstehen leichte Strukturen.
Ziehe in das feuchte Gesso mit der Naturkohle freie waagerechte und horizontale Linien, von denen die Mehrzahl bis zum Bildrand reicht. Krakelig gezogene Linien wirken lebendiger als gerade und gleichmäßige.

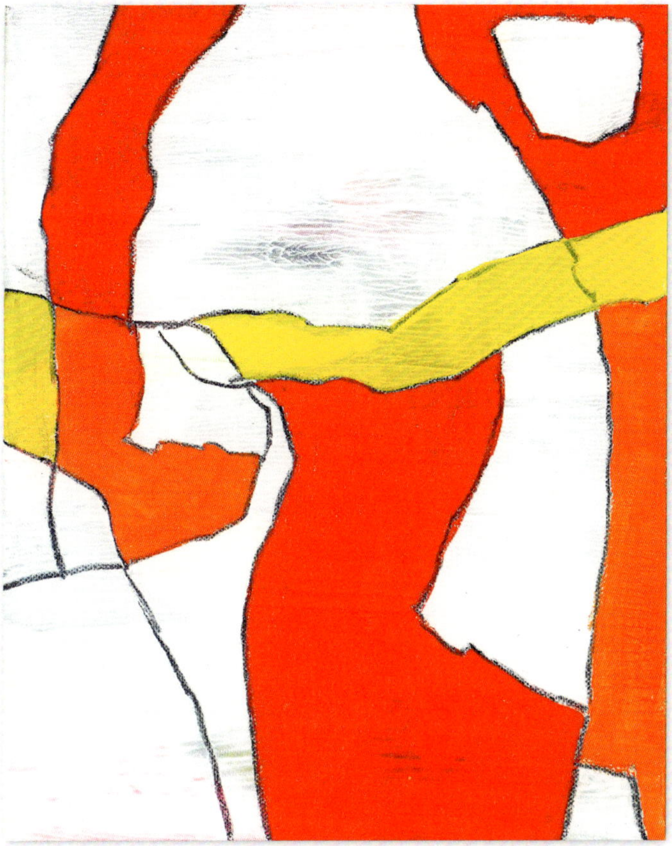

2. Schritt

Die entstehenden Flächen solltest du nicht zu kleinteilig anlegen und die begrenzenden Linien nicht als verbindliche Vorgabe ansehen.
Im weiteren Mal- und Gestaltungsprozess kannst du durch das Ausfüllen mit Farben Flächen miteinander verbinden oder aber teilen und so ihre Größe verändern.
Im Beispiel wird die Begrenzung bei den Farbtönen Zinnoberrot und Orange eingehalten, aber bei Gelb überschritten.
Da die Kohle durch den Farbauftrag an diesen Stellen fixiert wird, bleiben die darunter liegenden Linien sichtbar und können im weiteren Prozess der Orientierung dienen.
In diesem Schritt haben die in rot-orange gehaltenen Partien einen deutlich höheren Anteil als die gelben.
Sie geben dem Bild einen Rahmen.

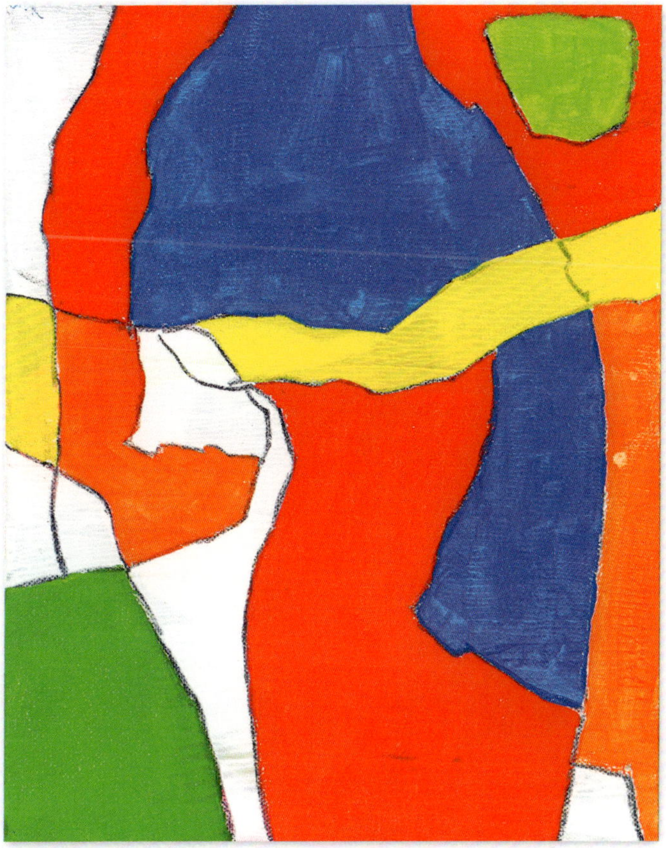

3. Schritt

Cyan ist die Komplementärfarbe von Orange, sodass sich eine Platzierung neben Orange für einen starken Kontrast empfiehlt, denn nebeneinander gesetzte Komplementärfarben unterstützen sich gegenseitig in ihrer Leuchtkraft und Farbwirkung.
Bei Komplementärfarben handelt es sich um Farbtöne, die sich im Farbkreis gegenüberstehen, wie z.B. auch Gelb und Violett oder Rot und Grün.
Das in diesem Schritt verwendete Grün ist das Ergebnis einer Mischung aus Cyan und Gelb. Aus zwei Primärfarben gemischte Farben bezeichnet man als Sekundärfarbe.
Durch die leicht unterschiedlichen Mischverhältnisse erscheint hier das obere Element heller und leuchtender als das untere.
Über die Anzahl der Schichtungen kannst du zusätzlich Einfluss auf die Dichte und den Farbton nehmen.

4. Schritt

Wenn du einen Farbton an einer Stelle eingesetzt hast, solltest du ihn an anderer Stelle wiederholen, idealerweise in unterschiedlicher Quantität und Qualität - also in Größe und Farbnuancierung.
Zum einen wirkt die Farbwiederholung für das Auge harmonisch, zum anderen trägt sie zur Beruhigung des Bildes bei. In diesem Beispiel wird nun Cyan erneut am unteren Rand innerhalb der großen Fläche in Form eines bogenförmig verlaufenden Elements eingesetzt.
Da der Auftrag auf dem roten Feld erfolgt, unterscheidet sich das Cyan in der Nuancierung leicht von der anderen blauen Fläche, die einen weißen Untergrund hatte.
Daran lässt sich gut erkennen, welchen Einfluss eine Untermalung auf den darauf gesetzten Farbton hat.
Gib anschließend Titanweiß in einige der noch unbemalten Felder sowie mit einem Hauch Gelb versehen in die übrigen.

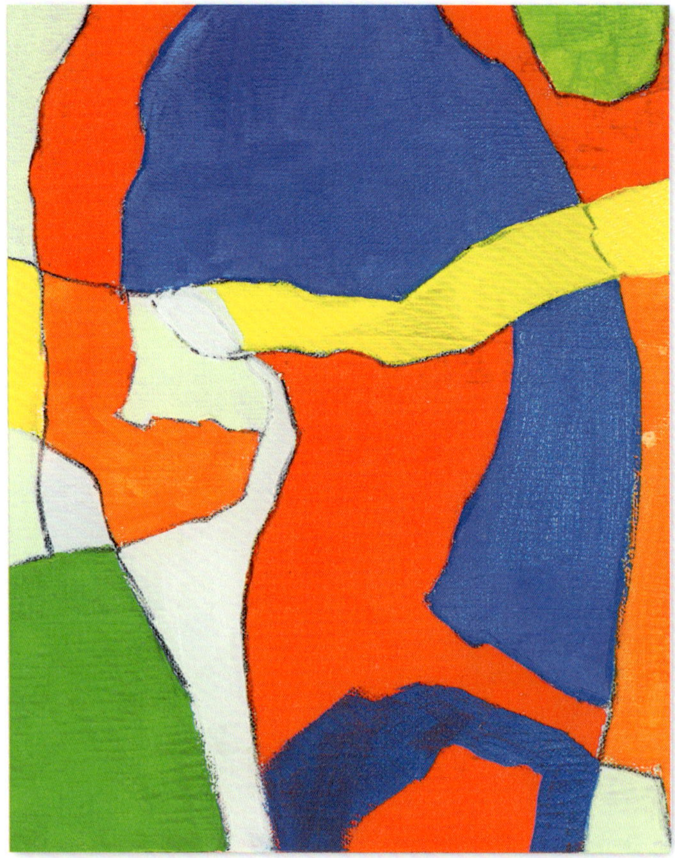

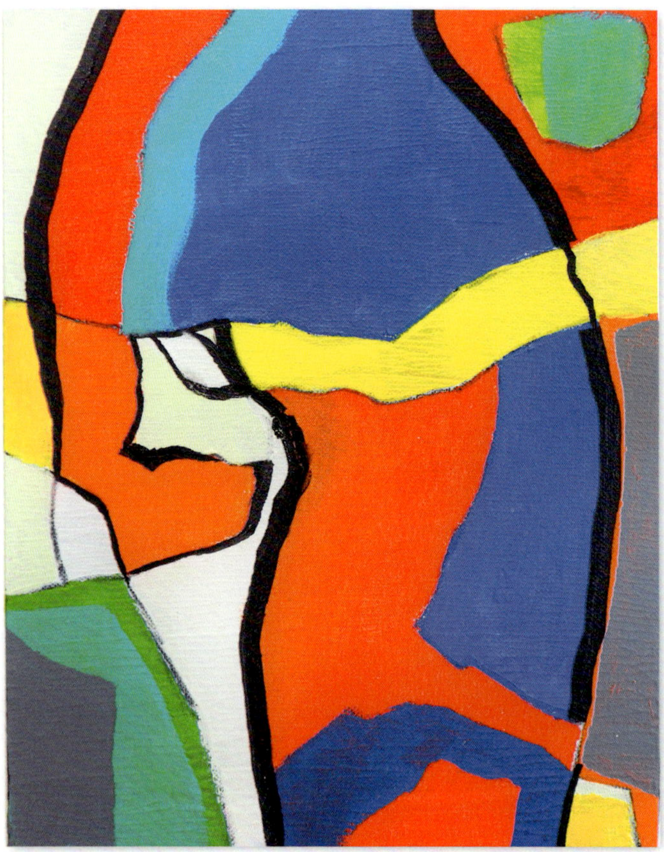

5. Schritt

In diesem Schritt werden die vorhandenen hellgrünen Elemente gebrochen, indem du auf diese eine kleinere Fläche in Permanentgrün hell aufsetzt.
Trage dann erneut Orange und Gelb auf die entsprechenden Farbfelder auf, um eine höhere Farbintensität zu erreichen. Außerdem wird jetzt das kleine weiße Feld am unteren Rand mit Gelb geteilt.
Mit dem Einsatz der Mischfarbe Mittelgrau wird vom Farbe-an-sich-Kontrast abgewichen. Durch die Verwendung dieser Farbe kannst du die Leuchtkraft der reinen Farben verstärken.
Setze abschließend mit dem Acryl-Paint-Marker unterschiedlich breite Linien.
Durch das Hinzufügen von Schwarz wird die Intensität der Farben ebenfalls gesteigert.

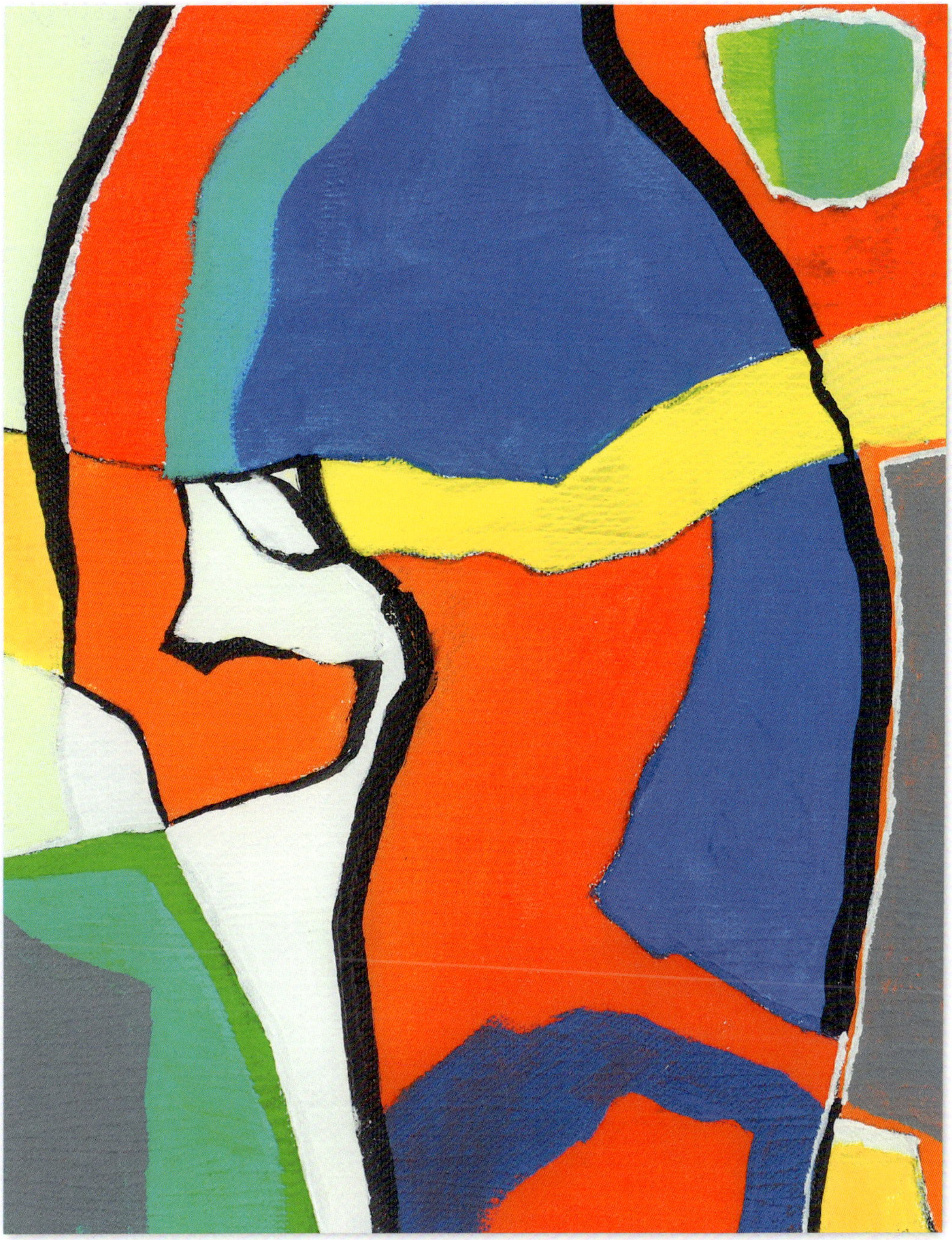

Fertiges Bild

Die in Titanweiß gezeichneten Linien sollten nicht zu akkurat ausgeführt werden, damit sie eine gewisse Lebendigkeit bewahren. Tupfe sie daher nur mit der Pinselspitze auf. Da diese gerade ist, können kleine Striche aneinandergereiht werden.
Mit der Komposition kann man einen abstrakten Kopf oder Körper assoziieren. Um diesen Eindruck zu verstärken, verschwindet die schwarze Linie oberhalb des unteren grünen Elements. Von daher könnte der Titel des Bildes auch „Kopf oder Bauch" lauten.

Tipp: Hochwertige Leinwände kannst du ohne Qualitätsverlust vielfach übermalen. In diesem Fall wurde die Leinwand vor der neuen Bemalung mit Weiß grundiert. Natürlich kann man neue Ideen aber auch einfach auf die bestehende Komposition setzen, allerdings beschränkt dies manchmal die Freiheit. Andererseits kann eine benötigte farbige Untermalung entfallen, wenn das aufgegebene Werk eine lebendige und vielfältige Farbigkeit ohne reliefartige Strukturen aufweist.

Spurensuche

Du brauchst:

- Leinwand, 24 × 30 cm
- Acrylfarben in Kobaltblau, Coelinblau, Preußischblau, Weiß
- Farbwalze (Linolwalze)
- Schaumstoffrolle mit gerader Kante
- Universalpinsel, Naturborste, ¾″
- Synthetikpinsel mit feiner, spitz zulaufender Spitze, Gr. 2
- grobes Gewebe
- feuchter Mallappen

Bei diesem Werk werden Farbwalze und Schaumstoffrolle in Kombination mit einem Gewebeabdruck zur Gestaltung verwendet.
Dabei wird die Schaumstoffrolle nicht nur als Hilfsmittel für das Schablonieren genutzt, sondern auch als eigenständiges Malwerkzeug.
Vielleicht magst du auch mal versuchen, ein komplettes Bild nur mit der Schaumstoffrolle zu gestalten, da es den Umgang mit diesem Werkzeug schult.
Außerdem wird die Nutzung des Hell-Dunkel-Kontrastes als Gestaltungselement innerhalb einer monochromen Farbgebung aufgezeigt.
Des Weiteren lernst du, mit welchen Kniffen ein harmonisches Miteinander der verschiedenen Techniken erreicht wird.
Diese Übung eignet sich überhaupt sehr gut, um die verschiedenen Anwendungsmöglichkeiten von Walze und Schaumstoffrolle zu üben.

1. Schritt
Grundiere zunächst die Leinwand mit der Farbwalze in Kobaltblau. Dies ist eine gute Gelegenheit, mit diesem Werkzeug vertraut zu werden.
Halte die Walze locker in der Hand und spiele mit folgenden Faktoren: Farbmenge, Druck auf die Walze, Länge und Richtung der Bewegungen – mal kreuzend, mal im Wechsel von horizontal und vertikal.
Lasse die Grundierung trocknen und lege dann eine große Fläche in Coelinblau mit der Walze so an, dass die Farbe der Grundierung partiell sichtbar bleibt.

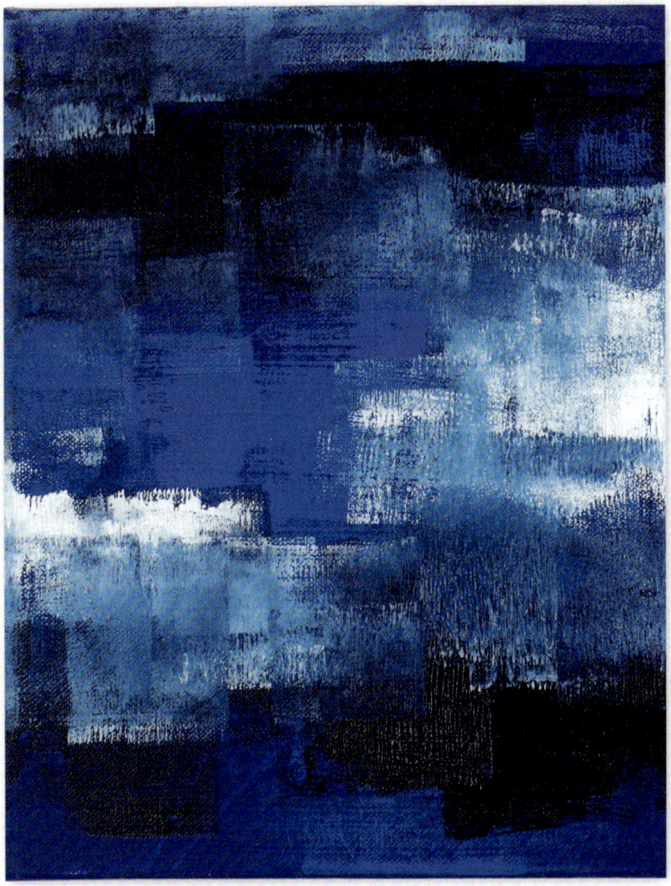

2. Schritt

Die Bewegungen mit der Farbwalze führst du jetzt sehr kurz und ausschließlich nach oben und nach unten aus. Dabei macht es einen Unterschied, ob die Walze zwischendurch angehoben und erneut angesetzt wird oder kontinuierlich im Kontakt mit der Leinwand bleibt.
Die Farbtöne Preußischblau und Weiß werden dafür in kleinen Mengen mit der Walze auf die Leinwand gegeben und dann in der beschriebenen Bewegung direkt auf der Leinwand gemischt.
Setze die dunkle Farbe wie eine Art Linie im oberen und unteren Bilddrittel und vermische sie sofort im Anschluss mit Weiß.
Wichtig ist, dass Weiß und Preußischblau als klare Farbe erkennbar bleiben und mit den resultierenden Mischtönen ergänzt werden.

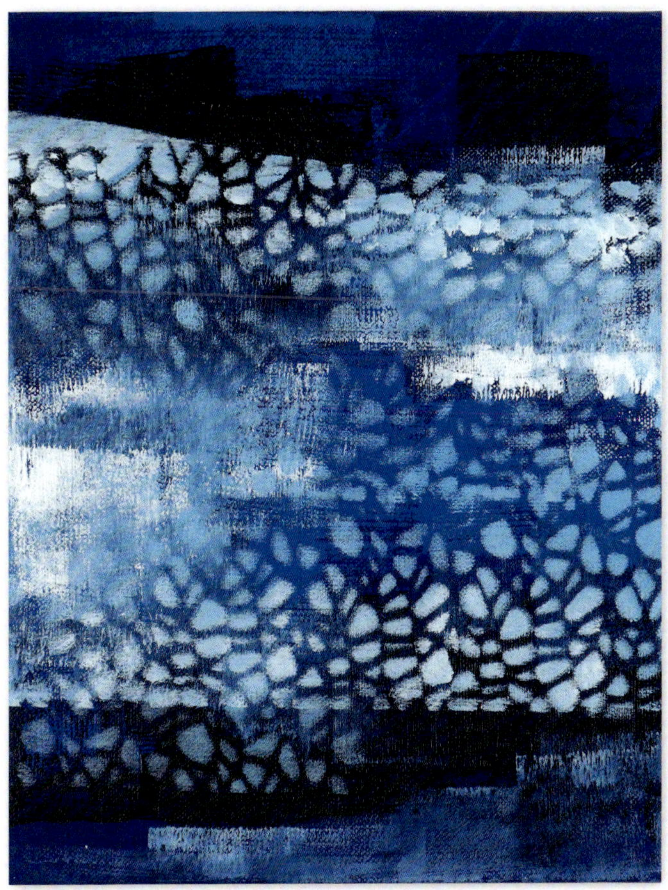

3. Schritt

Ein Gewebe aus dem Dekobereich dient nun als Schablone, sodass die Hell-Dunkel-Kontraste von einer einheitlichen Struktur überlagert werden.
Mische dazu Coelinblau, Preußischblau und Weiß auf der Palette zu einem hellen Blauton.
Nimm die Mischung mit der trockenen Schaumstoffrolle auf und rolle sie so lange auf der Palette ab, bis die Farbe gänzlich im Schaumstoff versunken ist.
Lege dann das Gewebe auf die Leinwand und bearbeite es durch sanften Druck mit der Schaumstoffrolle.
In diesem Beispiel werden die dunkelblauen Partien aus dem oberen und unteren Bereich linear verbunden.
Bei der Wahl des Farbtons solltest du darauf achten, dass es sich um eine bereits verwendete Farbe handelt, damit die monochrome Farbgebung erhalten bleibt.

4. Schritt

Mische nun erneut Coelinblau, Preußischblau und Weiß auf der Palette und ergänze mit einer kleinen Menge Kobaltblau. Dieser neu entstandene Farbton wird jetzt mit einer Rolle, deren Schaumstoff einen geraden Abschluss aufweist, aufgetragen.
Füge so zwei Farbfelder ein, die sich durch den pudrigen, leicht transparenten Farbauftrag klar von der übrigen Fläche abgrenzen.
Nimm dafür etwas Farbe mit der Schaumstoffrolle auf und trage sie mit dem geraden Ende der Rolle ab.
Mit einem abgerundeten Ende wäre es nicht möglich, scharfe Kanten zu bilden.
Die zarten Elemente bilden nun einen zu starken Kontrast und integrieren sich daher nicht ins Bild, sodass in Schritt 5 entsprechende Maßnahmen erfolgen.

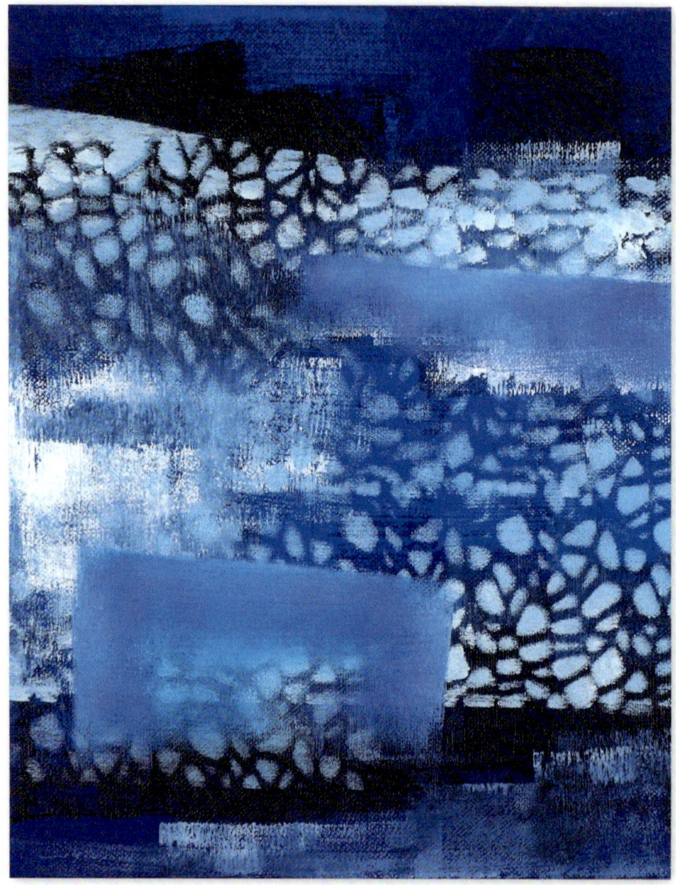

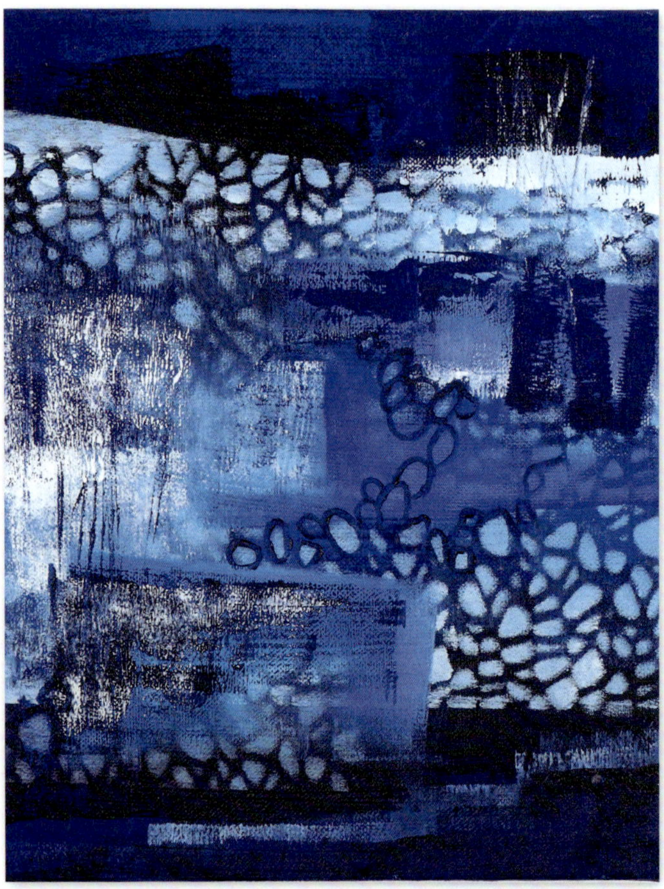

5. Schritt

Trage nun mit der Farbwalze eine Mischung aus wenig Preußischblau und sehr wenig Weiß auf das untere Farbfeld auf, um den zu starken Kontrast zwischen den zarten Elementen und den Strukturen abzuschwächen. Das obere Feld wird durch drei dunkle Walzenelemente durchbrochen. Sie entstehen, indem die Walze als Druckstempel genutzt wird. Dafür nimmst du Farbe mit der Walze auf und verteilst sie durch mehrfaches Abrollen auf der Palette gleichmäßig auf die Gummirolle, bis ein mitteldicker Film haften bleibt, der dann auf die Leinwand gedrückt wird. Die drei Walzenelemente und ein markant gesetztes Weiß bilden den Abschluss nach oben. Füge mit der Außenkante der Walze Striche ein. Dann werden die Konturen des Gewebes teilweise mit einer feinen Pinselspitze nachgezeichnet und in Form von Kringeln weitergeführt.

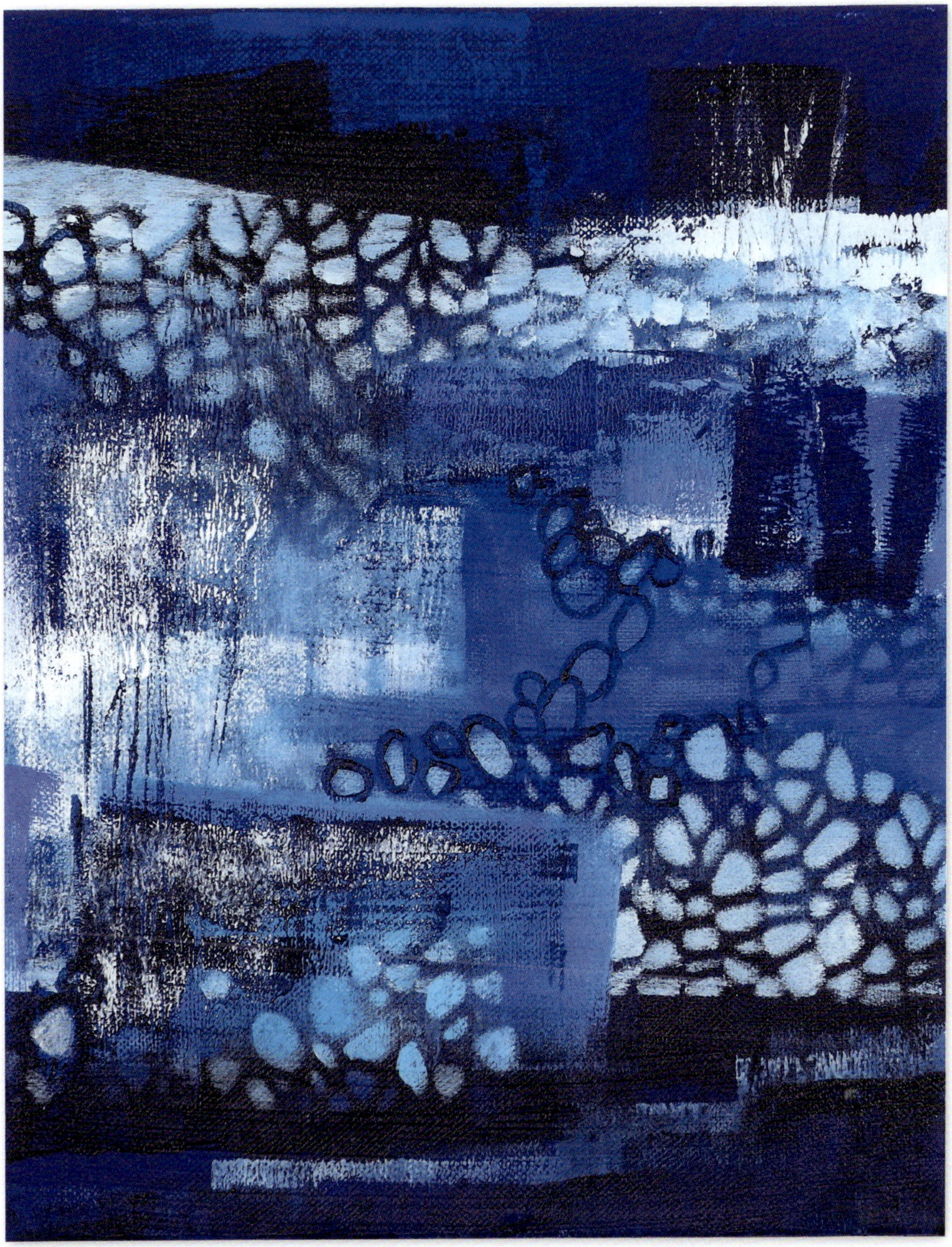

Fertiges Bild

Konkretisiere jetzt die Strukturierung durch die Schablone, indem du mit dem Universalpinsel eine winzige Menge Farbe ohne Wasserzugabe in einem sehr flachen Winkel hauchdünn aufträgst.
Am rechten Bildrand umschließt ein Bogen die Form und am linken Bildrand wird das Rechteck bis zum Rand erweitert.
Arbeite dann mit feiner Pinselspitze und einem Blauton aus Coelinblau und Weiß die Felder der Schablone im unteren Bilddrittel nach, sodass sie mehr Kontrast erhalten.
Eine weiße Linie aus Quadraten am linken Bildrand schließt die Arbeit ab.

Tipp: Wenn man den Blick einmal dafür geschärft hat, welche **Alltagsgegenstände** man künstlerisch nutzen kann, folgen meist vielfältige Entdeckungen und kreative Umwandlungen. So eignen sich die Glaskorken mancher Weinflaschen wunderbar als Druckstock für Kreise und Punkte und mit Kordel umwickelte Gegenstände für individuelle Striche. Mit Moosgummi beklebte Holzstücke können ebenso zu individuellen Druckstempeln werden wie mit Schneidewerkzeugen bearbeitete „Softcut-Platten“.

Wohin wir streben

Du brauchst:

- Leinwand, 50 × 50 cm
- Acrylfarben in Karminrot, Pyrollerot, Schwarz, Weiß, Permanentgrün hell, Cyan, Zinnoberrot, Echtgelb hell, Türkisgrün, Hellgrau, Permanentorange, Signalrot
- Gesso in Schwarz
- Universalpinsel, ca. 2 cm
- Katzenzungenpinsel, Synthetikborste, Gr. 8
- Universalpinsel, kurze Borste, ca. 1 cm
- Synthetikpinsel mit feiner Spitze, Gr. 4
- Lochschablone
- Luftpolsterfolie
- Schaumstoffrolle/ Farbwalze
- Gewebe aus dem Dekobereich

Das Werk vereint in einem komplexen Malprozess viele Techniken und Aspekte, sodass das Ergebnis durch eine feine und differenzierte Ausarbeitung besticht. In der Detailansicht sind die malerische Integration oder Erweiterung von Schablone und Abdruckverfahren gut zu erkennen.

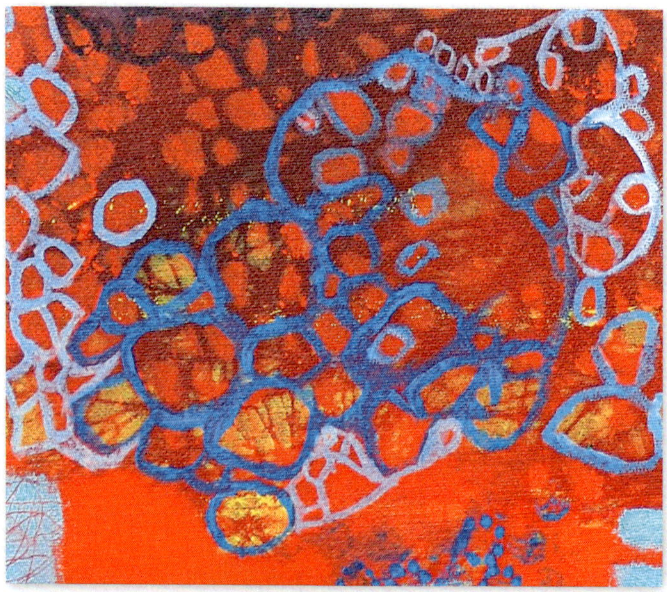

Detail 1
Hier wurden malerische Strukturen mit einer sehr feinen und spitzen Pinselborste gebildet. Der Verlauf des Liniengeflechts orientiert sich dabei an dem darunter liegenden Gewebeabdruck. Die kleinen in Kreisform angelegten Punkte nehmen die Farb- und Formgebung der verschiedenen Elemente wieder auf.

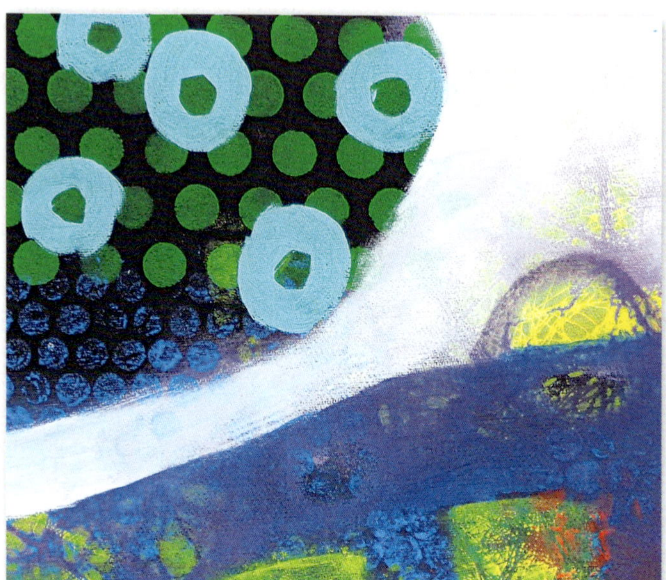

Detail 2
Die dezenten Punkte sind das Ergebnis eines Luftpolsterfolienabdrucks. Er entsteht, indem mit der Farbwalze etwas Farbe auf die Noppen gegeben und anschließend auf den Bildgrund gedrückt wird. Einzelne Punkte wurden mit kontrastierenden Farbennuancen mittels Katzenzungenpinsel ausgearbeitet.

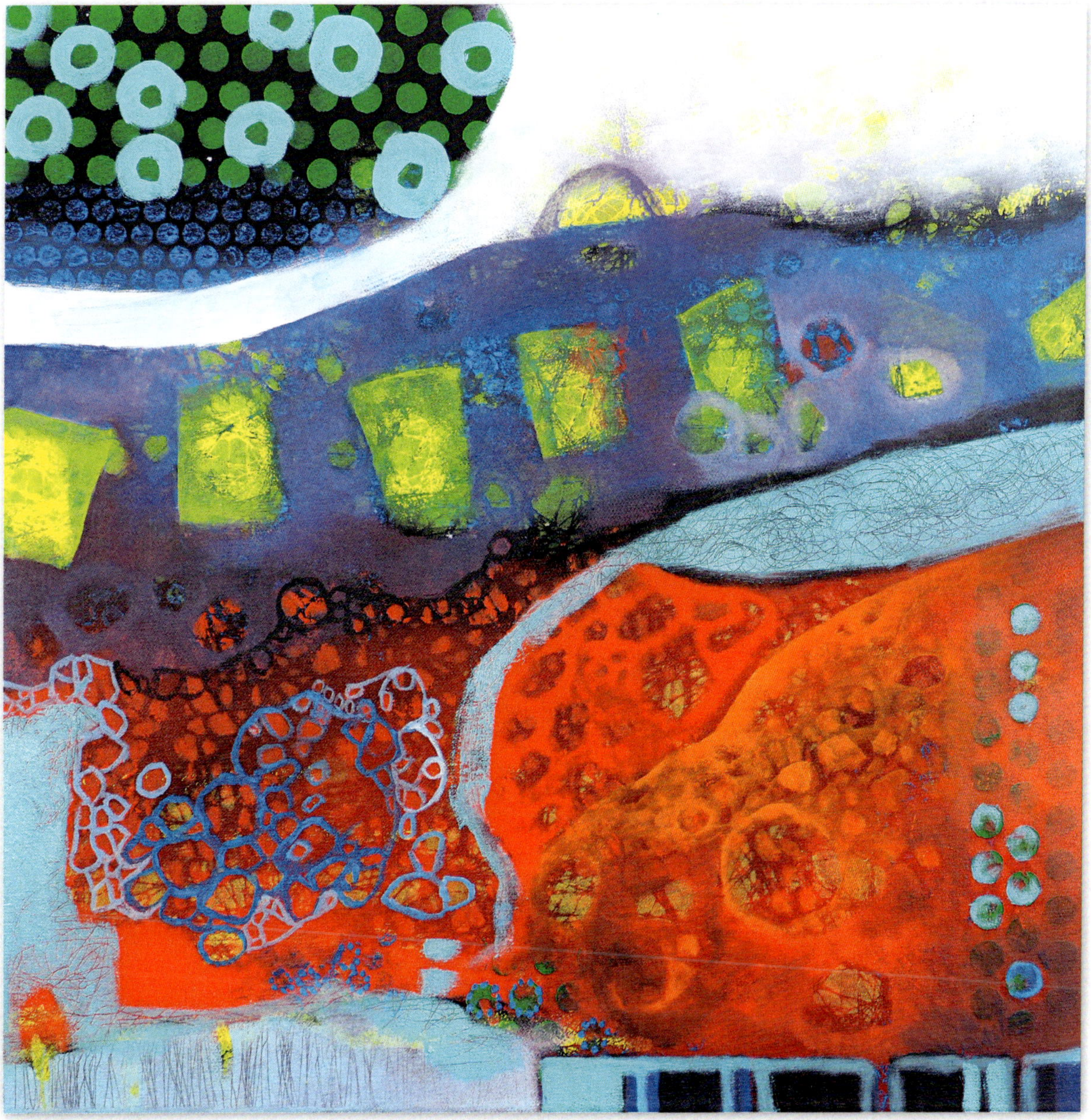

Vorgehensweise

Der Blick des Betrachters wird durch die starken Farb- und Formenkontraste auf das Element in der oberen linken Ecke gelenkt. Den Kompositionsregeln des Goldenen Schnittes entsprechend wäre diese Platzierung normalerweise ungeeignet. Bezugnehmend auf den Titel des Bildes macht die Lage am oberen Bildrand aber durchaus Sinn, wenn das Streben nach einer abgegrenzten und geordneten Einheit symbolisiert werden soll.

Tipp: Dieses Beispiel zeigt, dass man **Regeln stets kritisch betrachten** und ihnen nicht sklavenhaft folgen sollte. So kannst du z. B. eine ungewöhnliche Fokusplatzierung oder eine immer wiederkehrende falsche Proportionierung von Körperteilen zu deinem eigenen Stilelement werden lassen. Überprüfe auch regelmäßig eingefahrene Überzeugungen. Aussagen wie „Das ist nicht meine Farbe“ können sich ebenso überholt haben wie die Abkehr von bestimmten Sujets.

Offen bleiben

Du brauchst:

- Leinwand, 30 × 40 cm
- Acrylfarben in Orange, Permanentorange (alternativ Azo-Orange), Weiß, Zinnoberrot, Cyan, Türkis, Kieselgrau, Preußischblau
- Universalpinsel, kurze Naturborste, 1"
- Farbwalze (Linolwalze), 6 cm
- Messer mit Spitze

Bei diesem abstrakten Werk handelt es sich um eine Arbeit mit der Farbwalze in Kombination mit Kratzungen.
Es ist ein schönes Beispiel für einen Malprozess, bei dem die „lauten" Ausgangsfarben in einen ruhigen Farbklang geleitet werden und die Bedeutung der anfänglichen Strahlkraft erkennbar wird.
Das Bild folgt einem Aufbau, bei dem die verschiedenen Schichten durch den Einsatz unterschiedlicher bildnerischer Mittel immer in Bezug zueinanderstehen.
Durch die Gestaltung mit kontrastierenden Farbflächen, Kratzungen, Zeichnungen und Freilassungen wird bereits Vorhandenes betont, gebrochen oder ergänzt.
Die häufig gestellte Frage, wann ein Bild fertig ist, trifft auch hier zu.
Je nach gewünschter Farbwirkung und Stimmung kann das Werk auch in einer früheren Phase beendet werden.

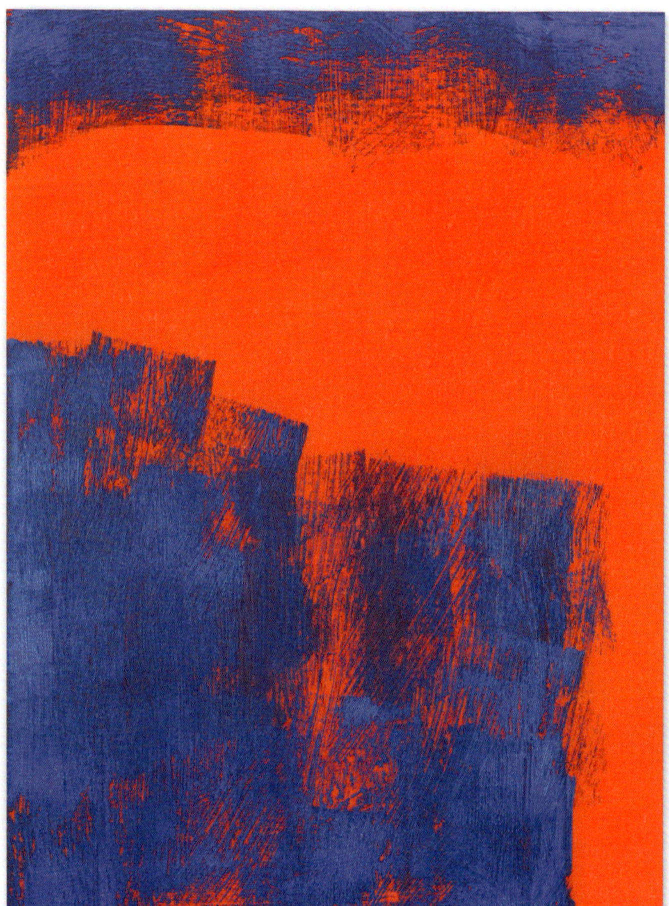

1. Schritt
Trage zunächst mit dem Pinsel großzügig Permanentorange auf die Leinwand auf, sodass die Pinselspuren gut sichtbar sind. Lasse den ersten Farbauftrag trocknen und trage eine Schicht Zinnoberrot auf, ebenfalls großzügig mit dem Pinsel, und im Anschluss erneut Permanentorange. Nach dem Trocknen sollte eine Vielzahl feiner Rillen sichtbar sein.
Dann werden auf einem Teil der orangefarbenen Fläche die Farben Preußischblau und Cyan mit der Farbwalze relativ dünn über- und nebeneinander gesetzt, sodass zwei kontrastierende Farbflächen entstehen.

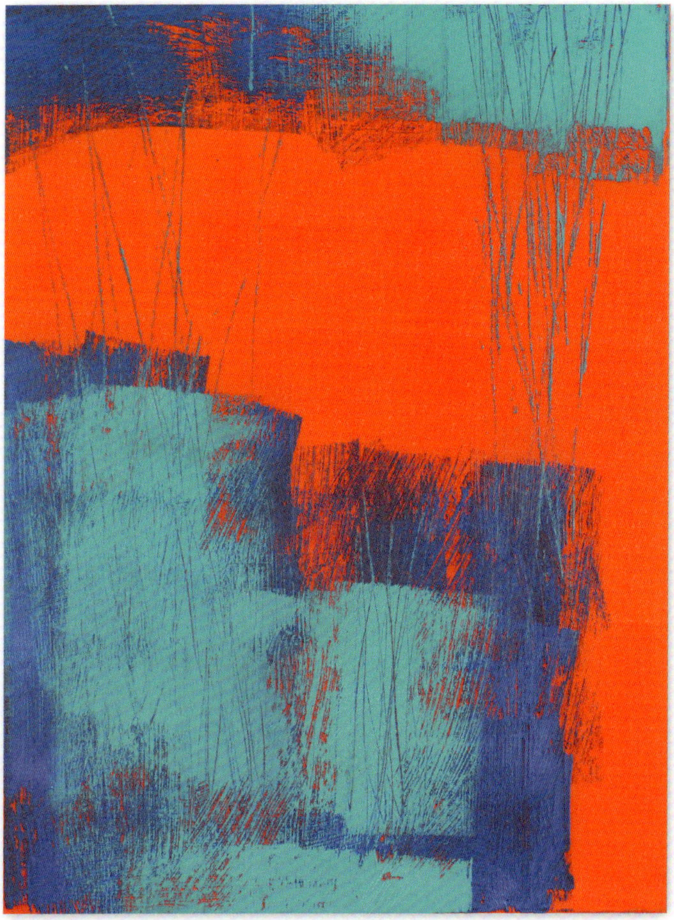

2. Schritt

Nimm nun Türkis mit der Farbwalze etwas großzügiger auf und bedecke damit den rechten Teil der oberen blauen Fläche. Der Farbton Türkis fällt je nach Hersteller besonders unterschiedlich aus. In diesem Fall ist es wichtig, dass er nicht zu bläulich ist, da er sich ansonsten nicht ausreichend von der darunter liegenden blauen Fläche abhebt.
Diese eingebrachte Fläche wirkt nun recht kompakt und wird daher mit dem Außenrand der Gummirolle bearbeitet. Die Kante hinterlässt in der noch feuchten Farbe Kratzungen und im trockenen roten Bereich Zeichnungen.
Im unteren blauen Feld wird beim Auftrag wieder mit wenig Farbe gearbeitet, sodass die darunter liegenden Farbtöne teilweise noch sichtbar sind.

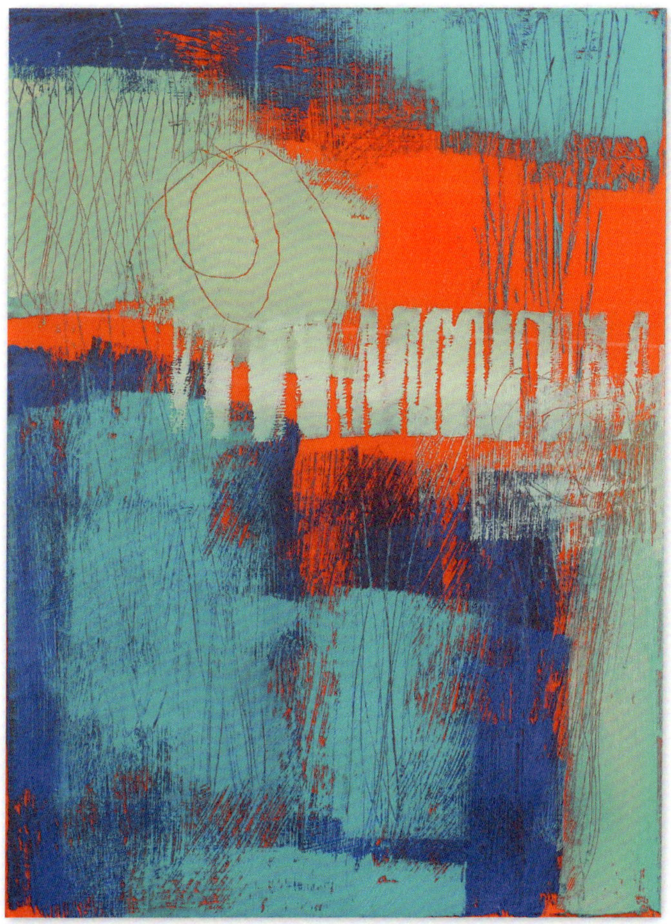

3. Schritt

Wie bereits im Kapitel „Fragen zu Anfang" erwähnt, ist der Einsatz verschiedener Kontraste wichtig für eine interessante Bildgestaltung.
Die bisher verwendeten Farben haben einen ähnlichen Tonwert, was bedeutet, dass sie in ihren Helligkeitsstufen nicht weit auseinander liegen.
Daher wird jetzt Kieselgrau ins Bild eingebracht. Kieselgrau ist eine Farbe mit viel Deckkraft, sodass die neue Fläche recht kompakt erscheint und daher wieder gebrochen werden muss.
Dies erreichst du, indem du mit einem Messer verschiedene Linien in die feuchte Farbe ziehst.
Das Bildelement im oberen Drittel, das fast wie eine Horizontlinie wirkt, entsteht durch wechselseitiges Anheben der Walzenenden. Dieses Vorgehen bezeichne ich gerne als „Torkeln" - siehe auch Tipp.

4. Schritt

Füge dem Kieselgrau ein wenig Türkis hinzu, dehne die helle Fläche der Abbildung entsprechend aus und füge je nach Situation weitere Linien und Kratzungen hinzu. Trage dann Permanentorange mit der Walze sehr dünn auf.
Der Farbauftrag ist ganz besonders gering, wenn wie hier eine sehr hoch pigmentierte Farbe benutzt wird. Lasse den Auftrag gut trocknen.
Im Anschluss werden Türkis, Kieselgrau und etwas Weiß auf der Palette gemischt und in unterschiedlichen Mischverhältnissen mit der Walze dezent aufgetragen. Auch dieser Auftrag wird in ausgewählten Bereichen durch Kratzungen gebrochen.
Am rechten und linken Rand des unteren Drittels werden in Preußischblau zwei leicht unterschiedlich große Farbflächen angelegt, welche den Hell-Dunkel-Kontrast des Bildes unterstützen.

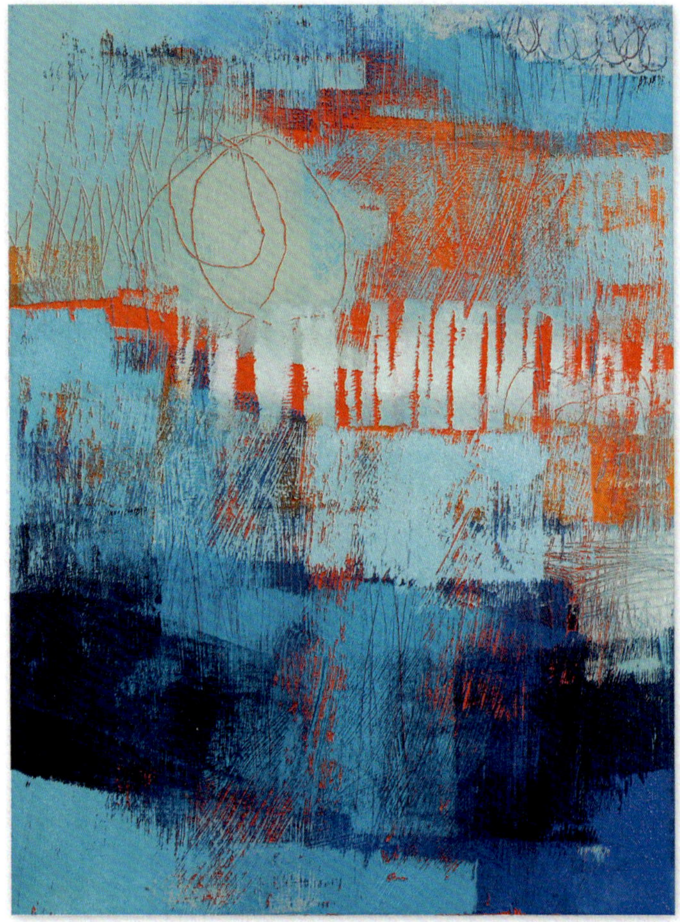

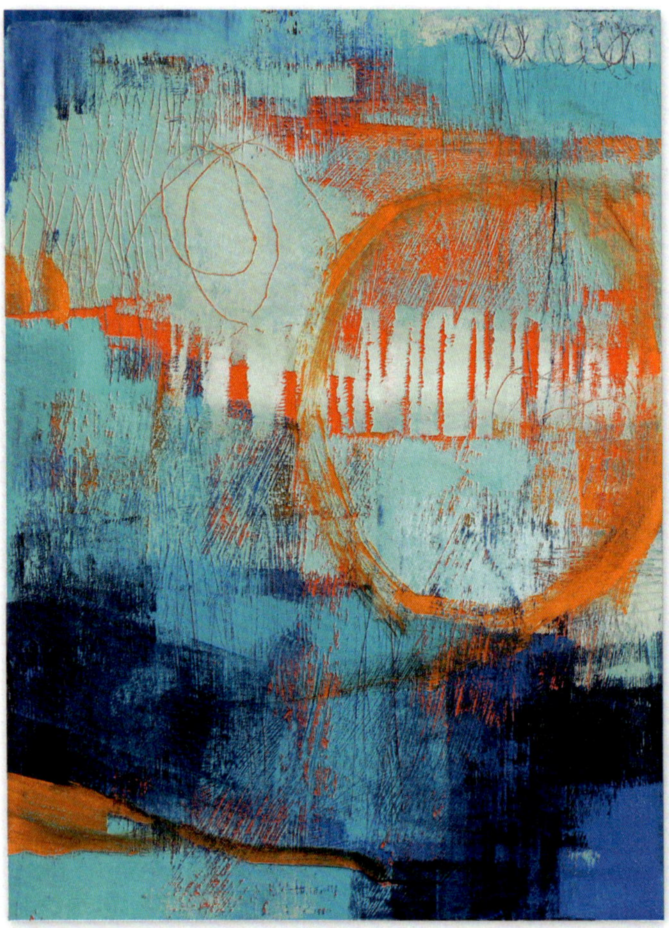

5. Schritt

Die Arbeit am Bild sollte mit einer regelmäßigen Bildbetrachtung einhergehen. Die gesetzte dunkle Farbfläche wirkt etwas isoliert, sodass sie eine Farbwiederholung in der linken oberen Ecke erforderlich macht.
Außerdem wird sie vom rechten Element ausgehend nach unten vergrößert und mit dem Bildrand verankert.
Da dem Bild bislang ein eindeutiger Fokus fehlt, füge mit dem Pinsel eine kreisförmige Zeichnung ein.
Der Pinsel ist trocken und die Farbaufnahme gering. Daher wirkt der Strich am linken Bogen gebrochen und ist auf diese Weise für das Auge interessanter als gleichmäßige Linien.
Die Form der Linie orientiert sich an den schon vorhandenen gekratzten Rundungen.
Auch eine als Quadrat oder Rechteck gestaltete Linie wäre möglich gewesen, da die Farbfelder und das Torkelelement eckige Formen aufweisen.

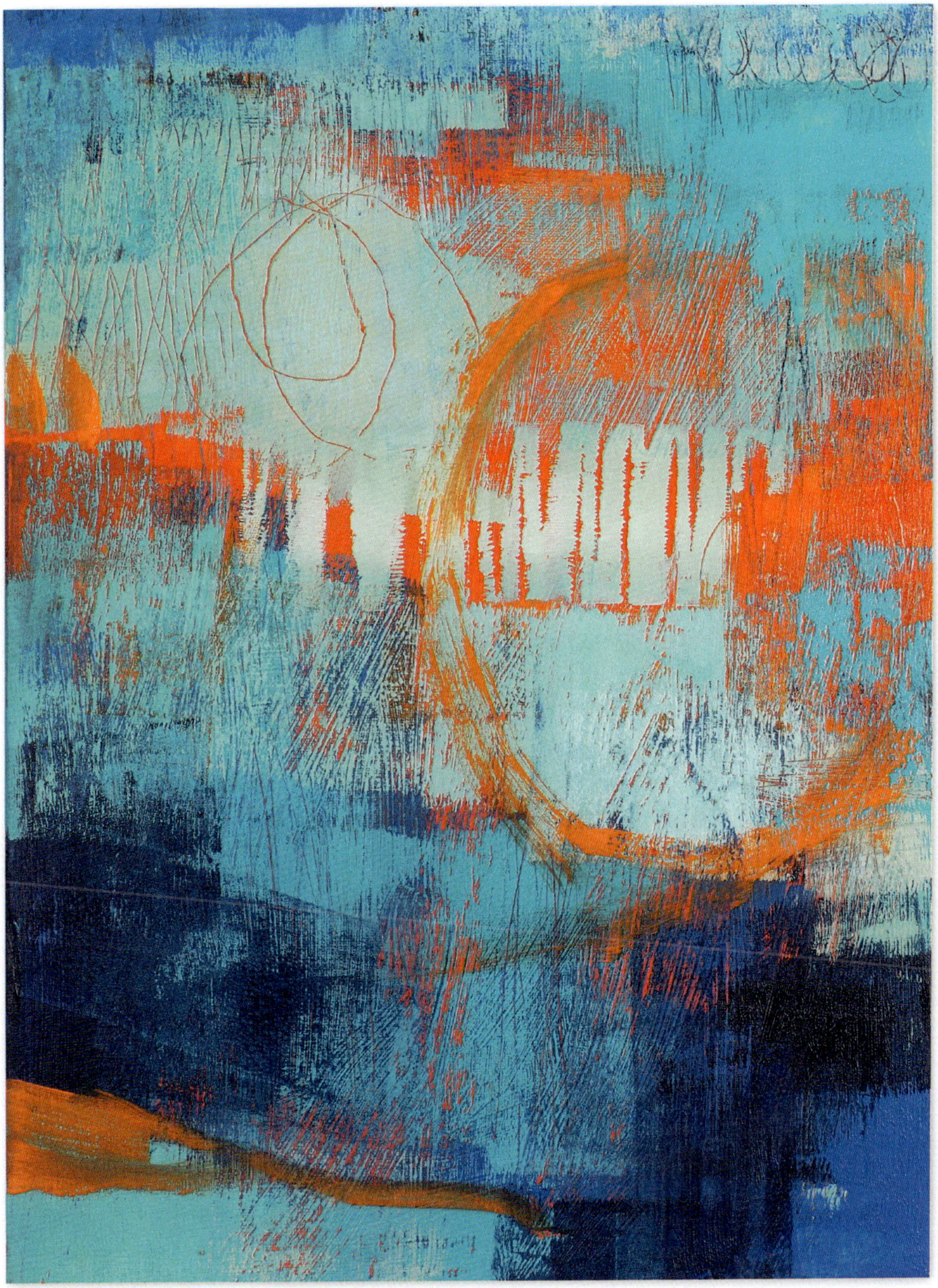

Fertiges Bild

Setze nun mit dem Pinsel die orangene Linie im unteren Bildteil sowie die beiden kleinen Striche, die entfernt an Personen erinnern.
Bearbeite auch schwierige Stellen wie die linke obere Ecke mit dem Pinsel, um eine kleine weiche Farbfläche zu erhalten.
Der geschlossene Kreis wirkt recht dominant; unterbreche ihn also mittels Walze und Türkis. Verstärke außerdem die Farbgebung mit Zinnoberrot, damit sich die Farben im Gleichgewicht befinden.

Tipp: Die **ausdrucksstarke Walzenführung** aus Schritt 3 bezeichne ich in meinen Kursen gerne als „torkeln". Übe dies auf einem Papier und experimentiere dabei mit der „Torkelgeschwindigkeit" sowie der Farbmenge. Als Rechtshänder arbeitet man von rechts nach links, als Linkshänder umgekehrt. Nach der Farbaufnahme wird die Walze angesetzt und mit wechselseitigem Anheben nach links geführt.

Farbfelder 2

Du brauchst:

Leinwand, 40 × 40 cm

Acrylfarben in Weiß, Echtgelb hell, Indischgelb, Paynesgrau, Mittelgrau, Hellgrau, Zinnoberrot, Orange

Universalpinsel, Naturborste, 1 ½"

Farbwalze (Linolwalze), 6 cm

Küchenpapier oder Mallappen

Die Arbeit mit der Walze kannst du auf vielfältige Art und Weise variieren und damit ihren Ausdruck und ihren Einsatzbereich beeinflussen.
In „Farbfelder 2" wird zunächst nur in Querbewegungen mit relativ großzügigem Farbauftrag gearbeitet. Werden die Farben dabei als Farbverläufe nass-in-nass vermischt, ist diese Form zur Ausarbeitung von Landschaften sehr gut geeignet.
Auch für extrem schlanke Bildformate wäre diese Herangehensweise eine Möglichkeit, um interessante Hochformate zu gestalten.
Im Anschluss an die Bearbeitung der Fläche in Querbewegungen ändert sich die Richtung in Auf- und Abwärtsbewegungen. Auf diese Weise entstandene Elemente ziehen das Auge auf sich, da sie die Regelmäßigkeit der Querlinien unterbrechen.
Du solltest also darauf achten, dass sich diese nicht unbedingt in der Bildmitte befinden.
Wesentliches Element der Gestaltung in diesem Werk sind die Farbschichtungen. Diese sind aber nicht grundsätzlich deckend aufgebaut, sondern es bleibt häufig etwas von der vorherigen Schicht sichtbar (siehe S. 49).
Das Einfügen von gekratzten Linien und die Torkelbewegung kannst du hier erneut erproben sowie den Einfluss von deckenden und transparent aufgetragenen Farben erfahren.

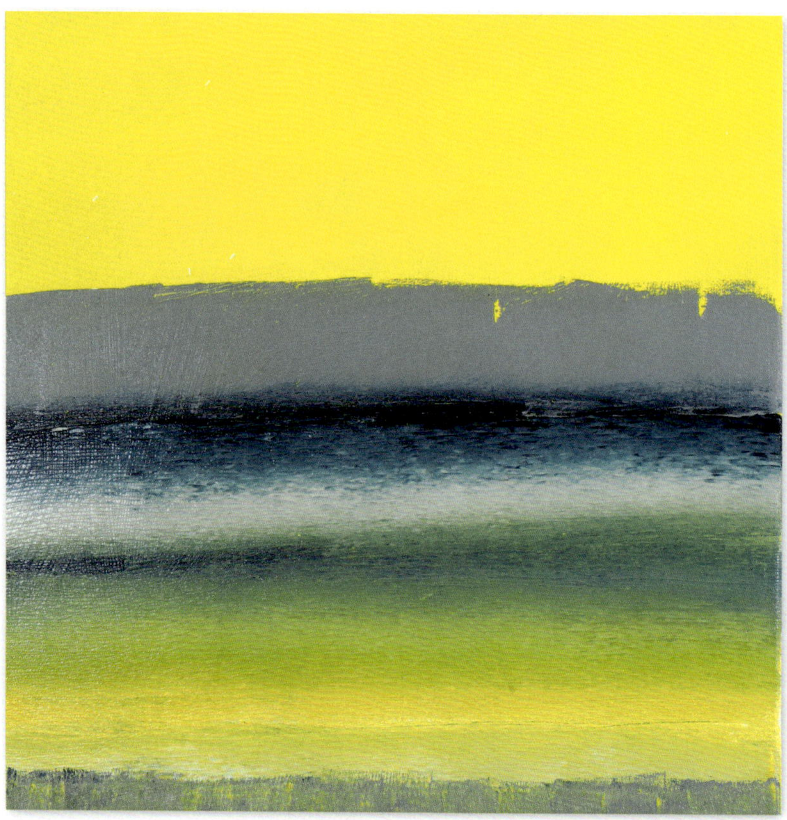

1. Schritt
Lege mit dem Pinsel eine satte Grundierung in Echtgelb an. Nach dem Trocknen erfolgen mit der Walze Farbaufträge, die nass in nass von Bildrand zu Bildrand gezogen werden. Beginnend mit Mittelgrau folgen nach unten Farbstreifen in Indischgelb, Echtgelb und Hellgrau. Nach oben wird mit Paynesgrau und Hellgrau erweitert.
Aufrechte Bewegungen in Mittelgrau bilden den oberen Abschluss.

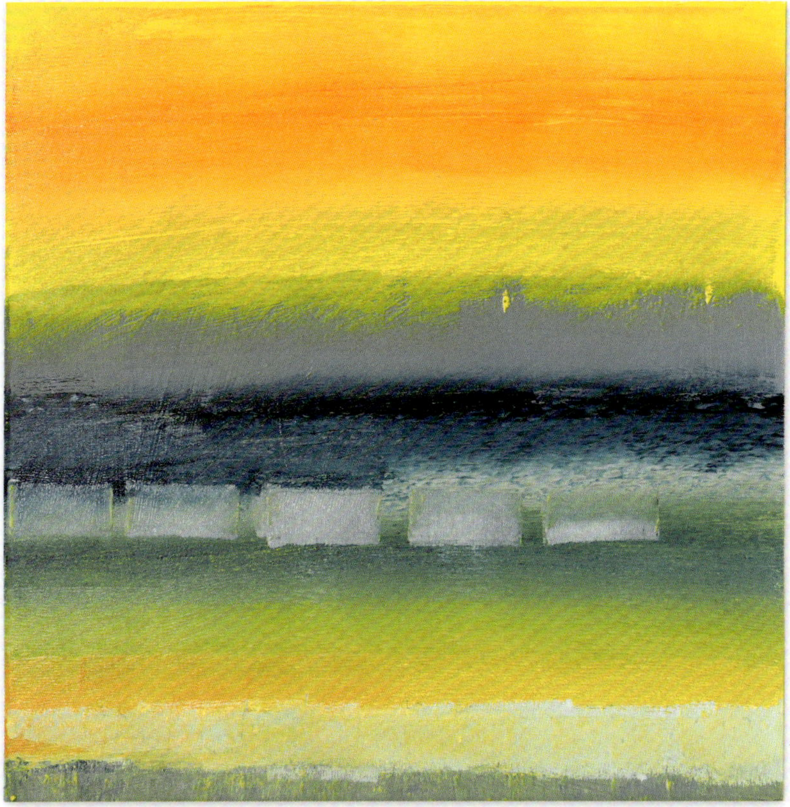

2. Schritt

Nun wird der obere Bildbereich bearbeitet. Trage wieder in Querbewegung Echtgelb hell auf. Setze dann in die Mitte des Feldes eine ganz kleine Menge Zinnoberrot und verbinde die Farbaufträge miteinander.
Wie auf der Abbildung ersichtlich können durch kleine Unebenheiten im Untergrund Farbpunkte oder Kleckse entstehen, die das Bild interessanter werden lassen.
Füge anschließend im unteren Bilddrittel Elemente in einer Mischung aus Mittelgrau und Weiß ein.
Führe dazu mit der Walze sehr kurze vertikale Bewegungen aus und spiele dabei mit Farbmenge und Druck.
Ein dünner Auftrag in identischer Malbewegung wiederholt sich am unteren Bildrand - hier aber ausschließlich in Weiß.

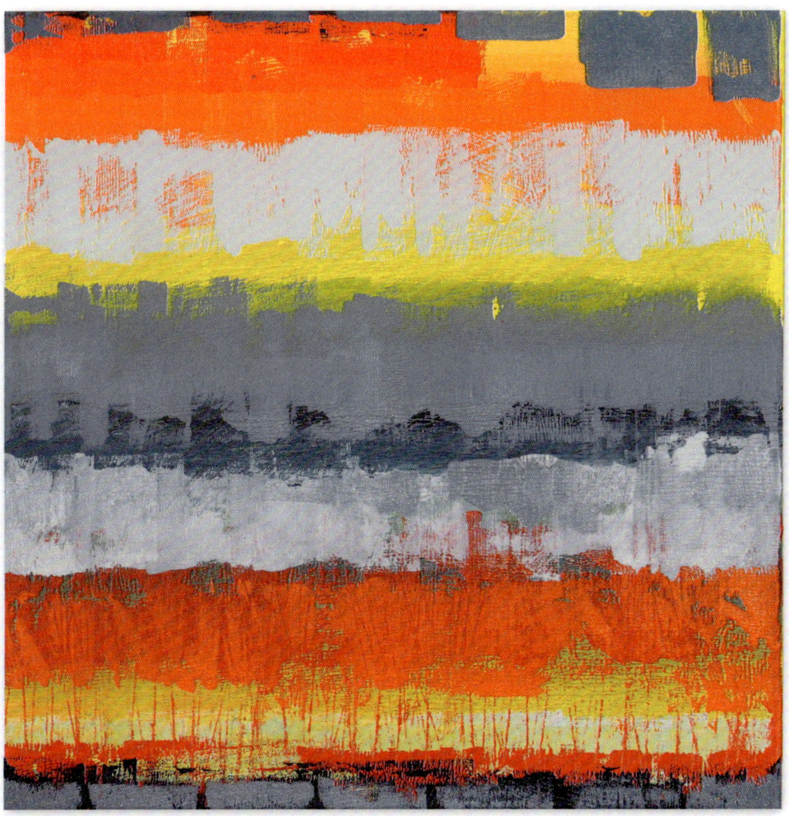

3. Schritt

Nach dem Trocknen werden Zinnoberrot und Orange ins Bild eingebracht.
Dies geschieht, indem du die Walze erneut in ausschließlich vertikalen Bewegungen führst und darauf achtest, dass der Auftrag ungleichmäßige Lücken aufweist. Dies ist deutlich interessanter als geschlossene Flächen.
Sollte eine Fläche doch zu kompakt ausfallen, kannst du die Walze kanten und mit dem scharfen Rand der Gummirolle in Auf- und Abbewegungen feine Linien erzeugen, welche die Fläche brechen. Bewusst gesetzte kleine Farbpartien in Mittelgrau und Hellgrau bilden einen schönen Kontrast zu den leuchtenden Farben.
Diese Grautöne haben eine enorme Deckkraft, sodass sich eine Reduzierung der Farbmenge empfiehlt.

4. Schritt

In diesem Schritt kannst du sehr gut üben, wie man durch zarte Farbüberlagerung gelungene Farbaufbauten anlegt.
Beginne damit, auf die mittelgraue sowie auch auf die darüber liegende hellgraue Fläche teilweise eine dünne Schicht beider Gelbtöne aufzutragen.
Die noch helleren (grau-weißen) Elemente in diesem Bereich entstehen dadurch, dass mit der Walze nur partiell Farbe aufgenommen und dann auf die Leinwand gedrückt wird.
Es erfolgt also keine Bewegung, sondern die Walze fungiert an dieser Stelle als eine Art Druckstempel.
Nimm danach Hellgrau auf und rolle die Walze auf der Palette so lange ab, bis nur noch ein Farbfilm auf der Walze zurückbleibt.
Dieser wird nun auf die erhabenen Strukturen am oberen Bildrand gesetzt und am unteren Bildrand wiederholt.

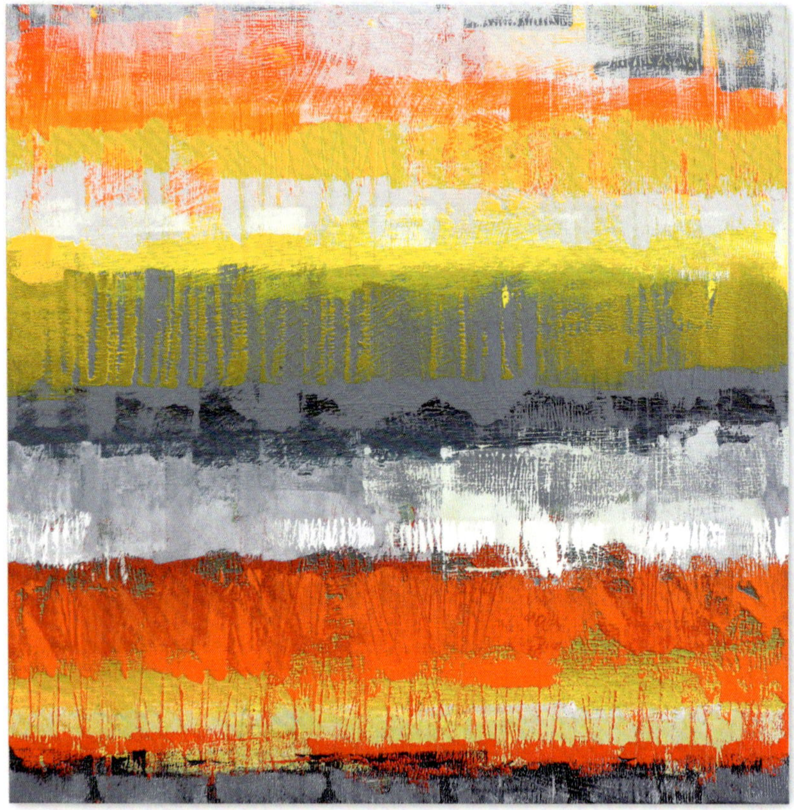

5. Schritt

Die rapportähnliche Gestaltung des Werkes verfügt bislang über keinen Fokus.
Daher wird ein neues Farbfeld außerhalb des Bildzentrums in den rechten Bildteil gesetzt.
Dies geschieht, indem du dünne Farbaufträge in Mittelgrau, Hellgrau, Indischgelb und Weiß übereinanderschichtest.
Dazu wird die Farbe teilweise auf einer zweiten Palette so lange ausgerollt, bis sich nur noch ein feiner Farbfilm auf dem Gummi befindet.
Mische dann Paynesgrau und Mittelgrau auf der Palette und füge den Farbton rechts und links neben dem neuen Farbfeld ein.
Das „Torkeln" mit der Walze in hellen Farbtönen erzeugt eine lebendige Zeichnung, wodurch der Fokus des Farbfeldes noch unterstützt wird.

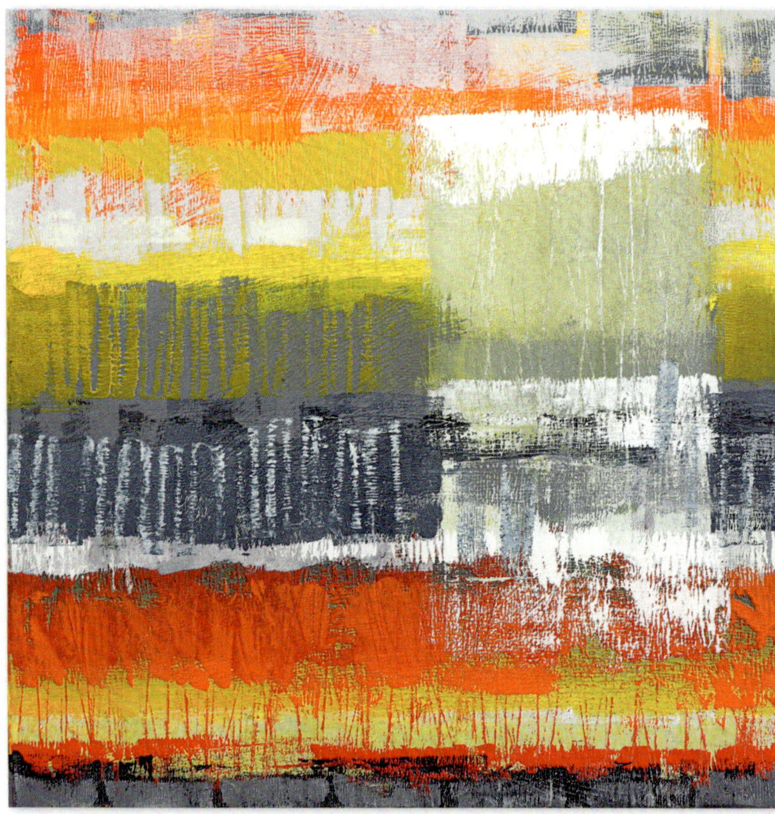

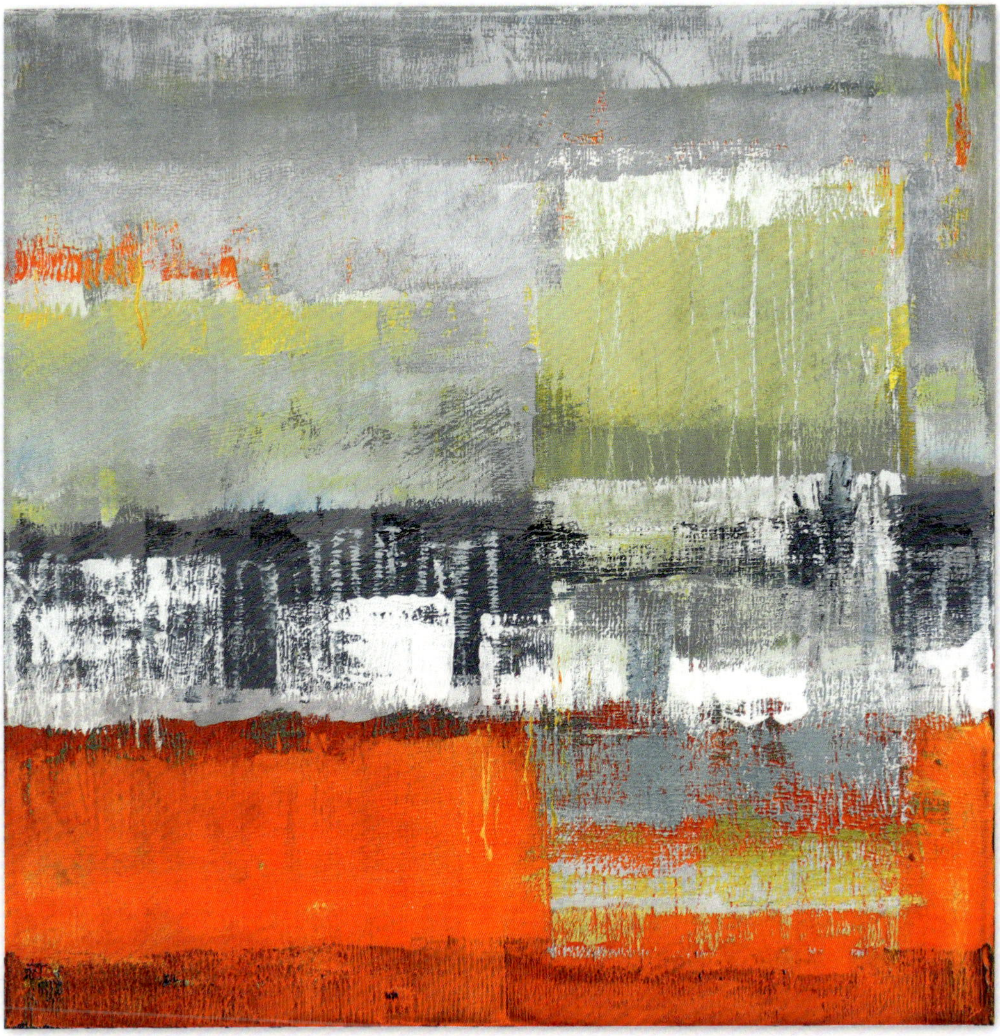

Fertiges Bild

Die Endphase ist geprägt von Bildberuhigung und Akzentuierung.

Arbeite dazu im oberen Teil hauptsächlich mit den Grautönen, denen du aber immer kleine Mengen Gelb, Weiß, minimal Orange und Paynesgrau beimischst.

Im unteren Drittel überdecken nun Zinnoberrot und Orange weitgehend die ehemaligen Farbflächen.

Setze abschließend mit der Walze oberhalb des roten Farbstreifens in Weiß unterschiedlich hohe Elemente.

Der Auftrag ist nur bedingt steuerbar, da die Strukturen einen gleichmäßigen Farbauftrag mit der Walze verhindern.

Tipp: Manche Bildformate üben einen besonderen Reiz aus, da schon das ungewöhnliche Verhältnis von Höhe zu Breite ins Auge springt. Dazu zählen **sehr schlanke Formate**, die aber oft Probleme in der Komposition bedingen.

Da dieses Format an sich schon einen Ausdruck hat und auch gut als Gruppe funktioniert – z.B. drei schlanke Hochformate nebeneinander –, könntest du mit der Walzentechnik monochrome Bilder gestalten, die sich durch Farbnuancen und leichte Struktur auszeichnen.

Verbindungen

Du brauchst:

- Buchbinderkarton, 50 × 70 cm, 2 mm dick
- Farbwalze (Linolwalze), 6 cm
- Acrylfarben (deckend oder halbdeckend) in Ultramarin, Blauviolett, Flieder, Türkis hell, Elfenbein, Indischgelb, Echtgelb, Hellgrau, Paynesgrau
- Gewebe aus dem Dekobereich
- Schablonen, selbst hergestellt
- Schaumstoffrolle
- Acryl-Paint-Marker in Schwarz, 8-15 mm
- Reliefpaste in Schwarz und Weiß

Die bisherigen Kapitel zur Walzentechnik beschäftigten sich mit den unterschiedlichen Einsatzmöglichkeiten der Walze auf Leinwand.
Wenn du diese erarbeitet haben solltest, hast du die Walze schon gut erprobt und eventuell eine Vorliebe für eine bestimmte Walzenführung entdeckt.
Bei diesem Bild dient Buchbinderkarton als Malgrund und dabei ist es überraschend zu sehen, dass bei identischem Vorgehen das Resultat ganz anders ist.
Der Malgrund ist deutlich saugfähiger als eine Leinwand und das hat Auswirkungen auf Farbauftrag, Trocknungszeit und Mischbarkeit.
Solltest du dich entschieden haben, dieses Bild als Einstieg in die Walzentechnik zu wählen, ist auch dies kein Problem.
Des Weiteren beschäftigt sich das Kapitel mit einfachen Methoden der malerischen Strukturbildung, indem ergänzende Zeichnungen und ein Druckverfahren Anwendung finden.

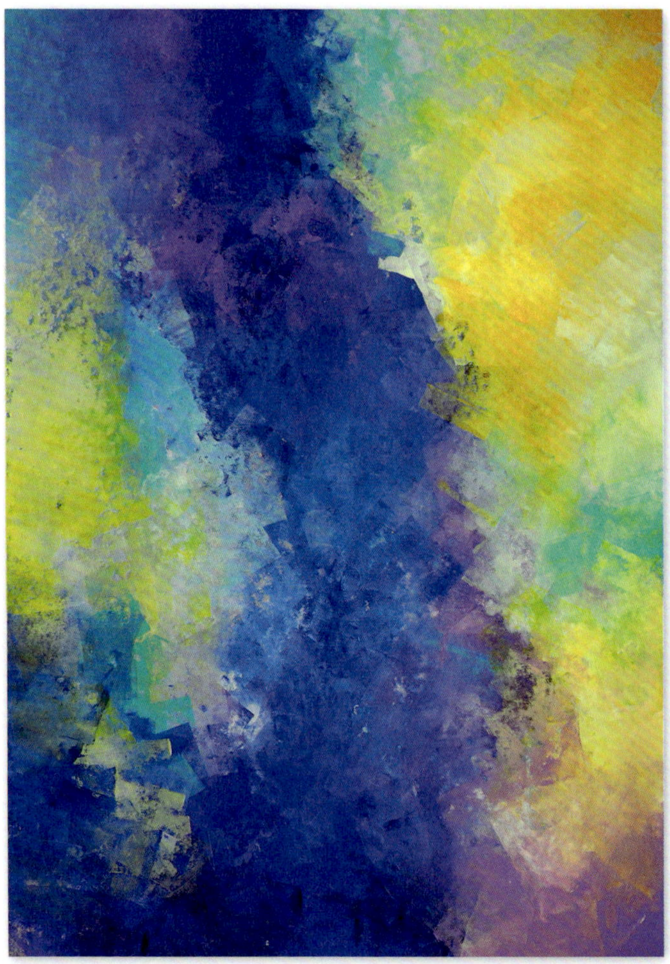

1. Schritt

Mische in kurzen, sich kreuzenden Bewegungen Ultramarin, Flieder, Blauviolett, Türkis und Elfenbein mit der Farbwalze direkt auf dem Karton.
Die Farbfläche verläuft von oben links über die Bildmitte bis an den unteren Rand.
Fülle die übrige Fläche auf gleiche Weise mit den Farben Echtgelb, Indischgelb, Türkis, Elfenbein und Hellgrau.
Das Grau der Pappe hat Einfluss auf die Farbgebung, sodass zum Beispiel reines Gelb leicht grünlich erscheint.

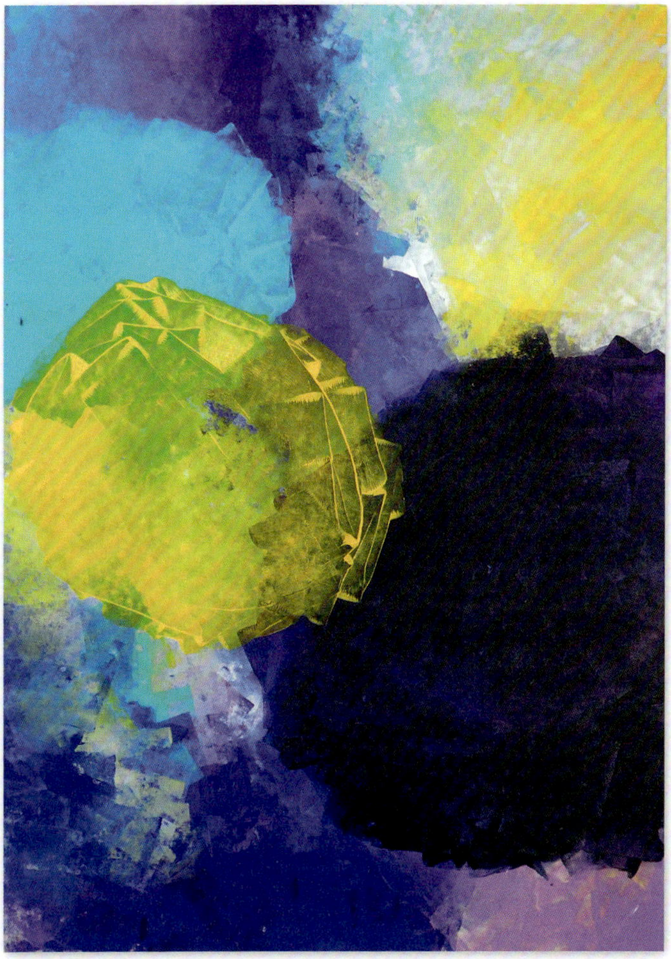

2. Schritt

Nun entstehen drei verschieden große runde Formen, die sich in ihren Helligkeitsstufen unterscheiden.
Dafür bewegst du die Walze in ganz kleinen kreuzenden Bewegungen.
Du solltest darauf achten, dass der Rand der Fläche einen ausgefransten Charakter hat und zwei der Formen am Bildrand angeschnitten sind.
Mische für das dunkelste Element die Farben Blauviolett und Paynesgrau.
Aus reinem Türkis entsteht das Element am linken Bildrand. Das Bild muss gut trocknen, bevor du beide Elemente teilweise mit einer runden Fläche in Indischgelb überlagerst.
Durch stärkeren Druck auf die Walze entstehen kleine Farberhebungen, welche an Linien und kleine Zeichen erinnern.

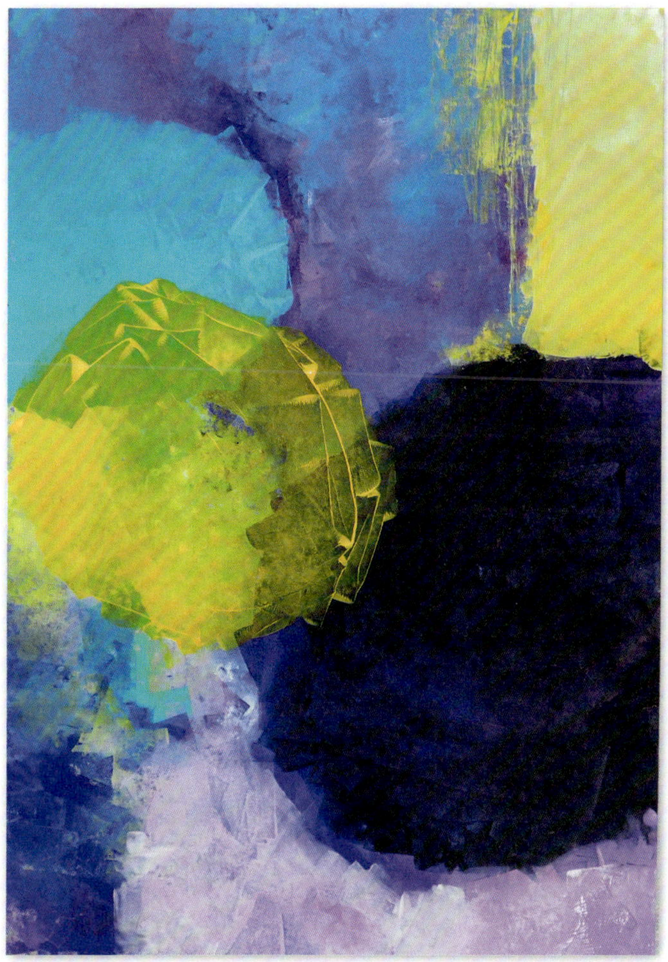

3. Schritt

Bearbeite jetzt den Hintergrund. Eine dünne Farbschichtung aus Türkis, Hellgrau, Ultramarin und Flieder am oberen Bildrand findet nach rechts einen geraden Abschluss.
Du kannst hier unterschiedliche Herangehensweisen ausprobieren. Entweder mischst du die Farben auf dem Malgrund durch sich kreuzende Bewegungen wie in Schritt 1 oder du legst nacheinander dünne Farbschichten des jeweiligen Farbtons übereinander.
Für die sich anschließende Fläche schichtest du Hellgrau, Elfenbein und Indischgelb übereinander.
Setze am Rand der Gummirolle befindliche Farbreste gekantet links daneben.
Eine Kombination aus Flieder und Elfenbein bildet am unteren Bildrand den Abschluss.

4. Schritt

In Schritt 3 entspricht das gelbe Rechteck oben rechts in Form und Breite dem blauen Element unten links.
Da dies eher langweilig wirkt, sollte eine der beiden Flächen verändert werden.
Aus diesem Grunde wird nun mit einer Mischung aus Ultramarin, Türkis und Violett das untere Rechteck verbreitert und nach oben bis an das runde gelbe Element gezogen.
Das dunkle runde Farbfeld erhält einen Gewebeabdruck, indem du mit der Schaumstoffrolle einen Farbton aus Türkis und Ultramarin auf das Gewebe rollst.
Zeichne die entstandenen Linien mit dem Acryl-Paint-Marker teilweise nach, füge neue Linien hinzu oder setze sie zur Betonung des Randes im gelben Farbfeld ein.

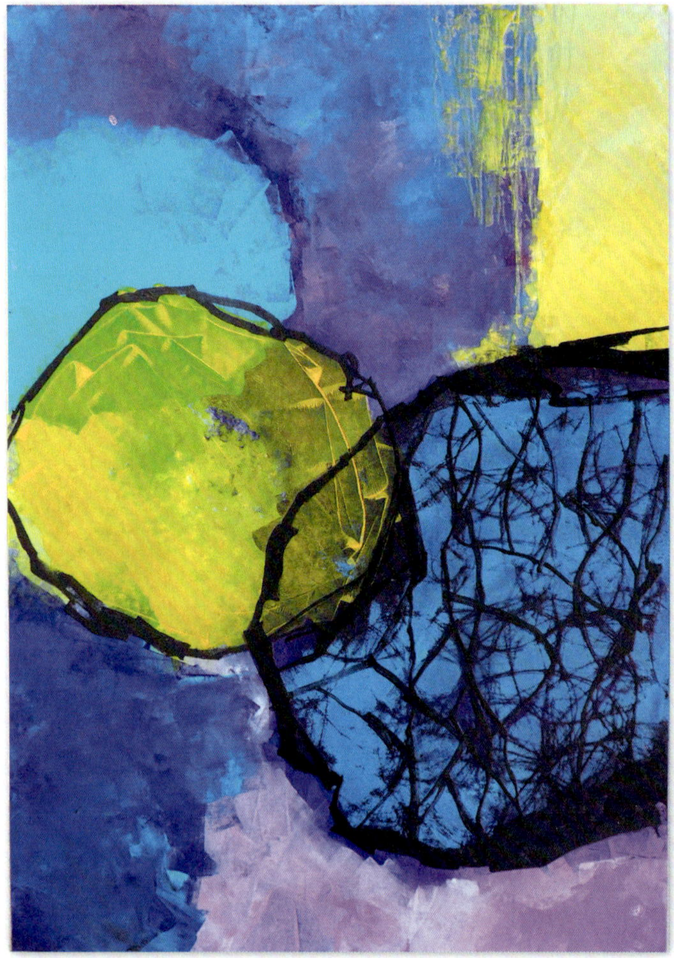

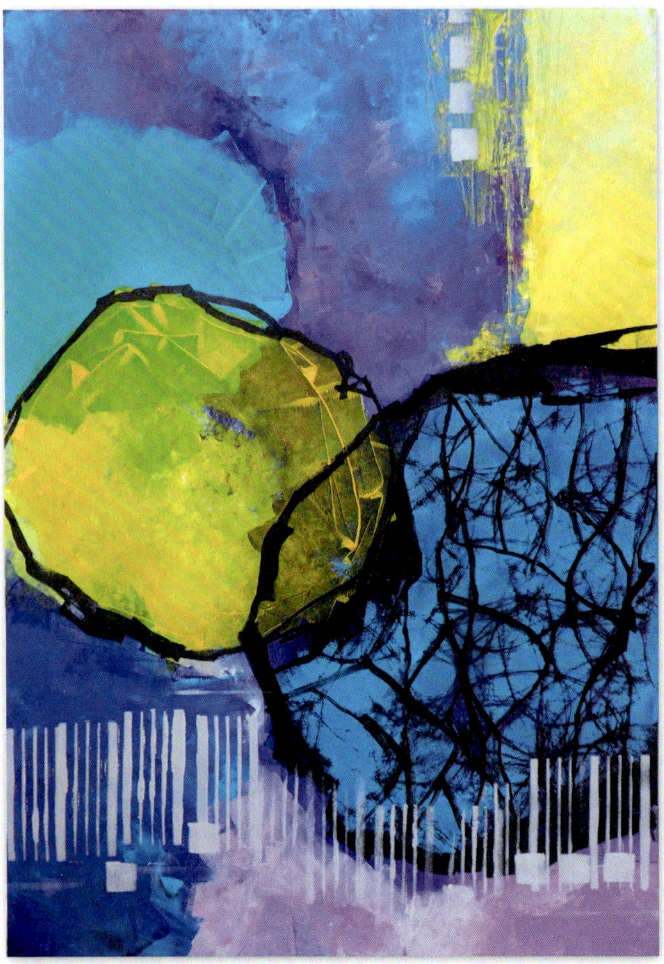

5. Schritt

Füge nun mithilfe von selbst hergestellten Schablonen linienförmige Elemente in Hellgrau ein.
Als Schablone kannst du z.B. einfache Tischsets aus Plastik, die du mit einem Cutter in die gewünschte Form schneidest, benutzen.
Ein entsprechendes Beispiel findest du auf Seite 14.
Lege die Schablonen auf den ausgewählten Bereich und trage mit einer Schaumstoffrolle eine Farbe nach Wahl auf.
Die horizontale Fläche im unteren Bildteil ergibt sich, wenn man die Schablone mehrfach nebeneinandersetzt.
Die eckigen Elemente werden in Beziehung zu dem Liniendruck platziert.
In der Regel erscheinen Gruppierungen mit ungerader Anzahl interessanter als solche mit gerader.
Eine Ausnahme bildet die Zweieranlage, da diese als Paar wahrgenommen wird.

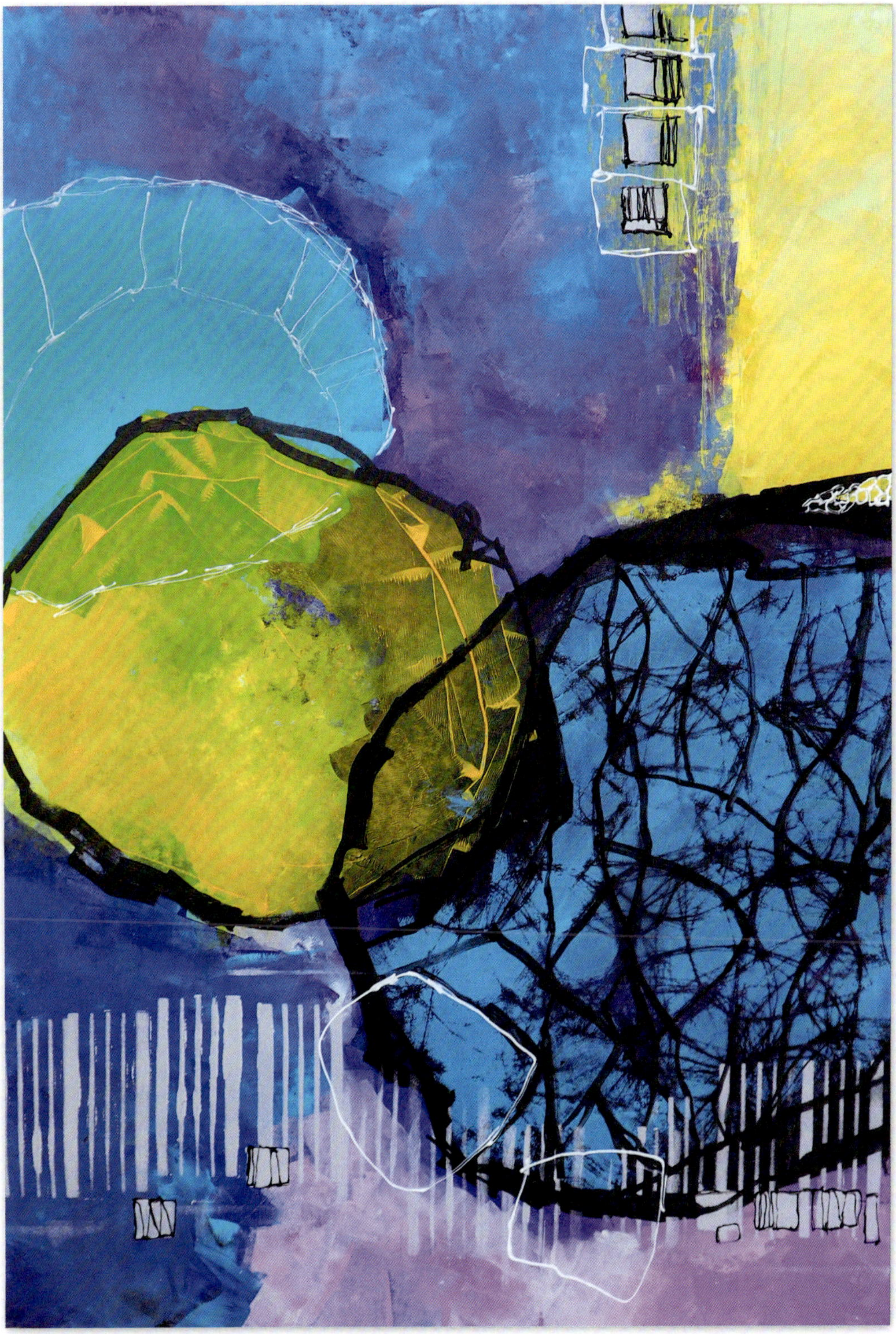

Fertiges Bild

Den Abschluss bilden feine Zeichnungen mit Reliefpaste in Weiß und Schwarz. Diese in Tuben erhältliche Paste gehört eigentlich in den Bereich der Porzellan- und Glasgestaltung, kann aber auch für Malerei auf Leinwand oder Karton genutzt werden. Durch die sehr feine Tülle können zarte Linien entstehen.

Fülle die grauen eckigen Elemente des Schablonendrucks mit schwarzer und weißer Paste teilweise aus oder umrande sie.

Der Duktus der durch vermehrten Druck auf die Walze schon vorhandenen Zeichnung im gelben Feld setzt sich nun im türkisfarbenen Feld fort.

Tipp: Buchbinderkarton gibt es in verschiedenen Stärken. Die dünne Variante von 1 mm neigt nach dem Farbauftrag zu starker Biegung und die dicke 3 mm-Ausführung lässt sich schlecht schneiden. Daher empfehle ich den Kauf der 2 mm-Version, am besten in 50 × 70 cm.

Dein fertiges Werk kannst du sehr schön in Glaswechselrahmen aus Holz oder Metall präsentieren, bei denen du das Glas weglässt.

Der Jongleur

Du brauchst:

- Buchbinderkarton, 50 × 70 cm, 2 mm dick
- Acrylfarben in Türkis hell, Türkis dunkel, Schiefergrau, Himmelblau, Indischgelb, Kadmiumgelb, Titanweiß, Orange
- Pastellkreiden in Orange, Dunkelrot, Cyan, Dunkelgelb, Hellorange
- Englische Naturkohle, 3–4 mm und/oder 5–7 mm
- Universal-Borstenpinsel, 1 cm
- Farbwalze (Linolwalze), 6 cm
- Luftpolsterfolie
- Schablonen, selbst hergestellt
- Pastellfixativ

Bei dieser Bildanlage lernst du neben den schon bekannten Walzenführungen eine weitere Variante kennen, die Drehbewegung.
Der Abdruck von Luftpolsterfolie wird mit dem Einsatz von Schablonen kombiniert und durch Zeichnungen ergänzt. Natürlich müssen nicht alle Ausdrucksmittel zwingend zum Einsatz kommen, es sollen nur die Möglichkeiten aufgezeigt werden.
Der Bildaufbau ist eine klassische ⅓ : ⅔-Komposition, kombiniert mit einem farblichen Akzent.
Die eingesetzten Schablonenformen eignen sich auch hervorragend als Darstellungsmittel im Rahmen einer Serie, da sie beliebig oft wiederholbar sind.

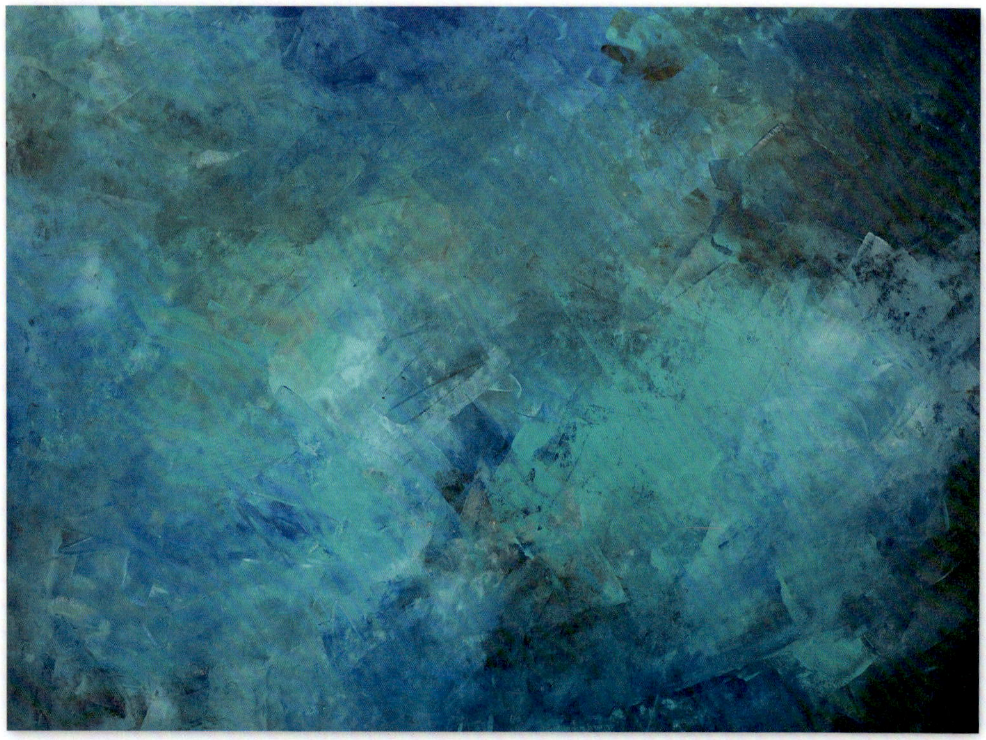

1. Schritt

Arbeiten mit dem Buchbinderkarton werden am Tisch ausgeführt. Nimm mit der Walze nacheinander je eine größere Menge Türkis hell, Türkis dunkel, Schiefergrau und Himmelblau auf und mische die Farben in großen kreuzenden Bewegungen auf dem Karton.
Hier kannst du sehr schön beobachten, wie sich der Auftrag in Abhängigkeit von Farbmenge und Druck auf die Walze verhält.

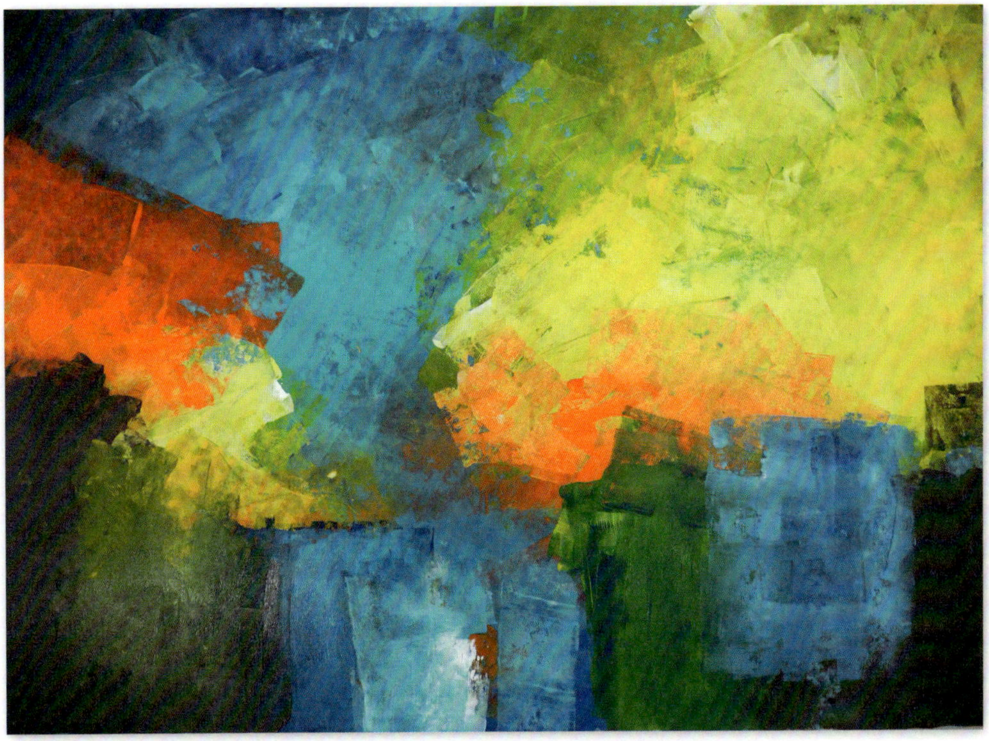

2. Schritt

Der blaue Untergrund soll den Malgrund komplett ausfüllen. Ist dies nicht der Fall, lege weitere Schichten darüber. So erhältst du einen nuancierten Auftrag.

Wenn die Fläche gut getrocknet ist, kannst du die zwei ersten Farbfelder anlegen. Der Farbauftrag in Indischgelb, Kadmiumgelb und Weiß beginnt in kurzen kreuzenden Bewegungen am oberen rechten Rand und endet in einer Verbindung mit Orange. Dieser Farbaufbau wiederholt sich am linken Bildrand in anderer Formgebung.

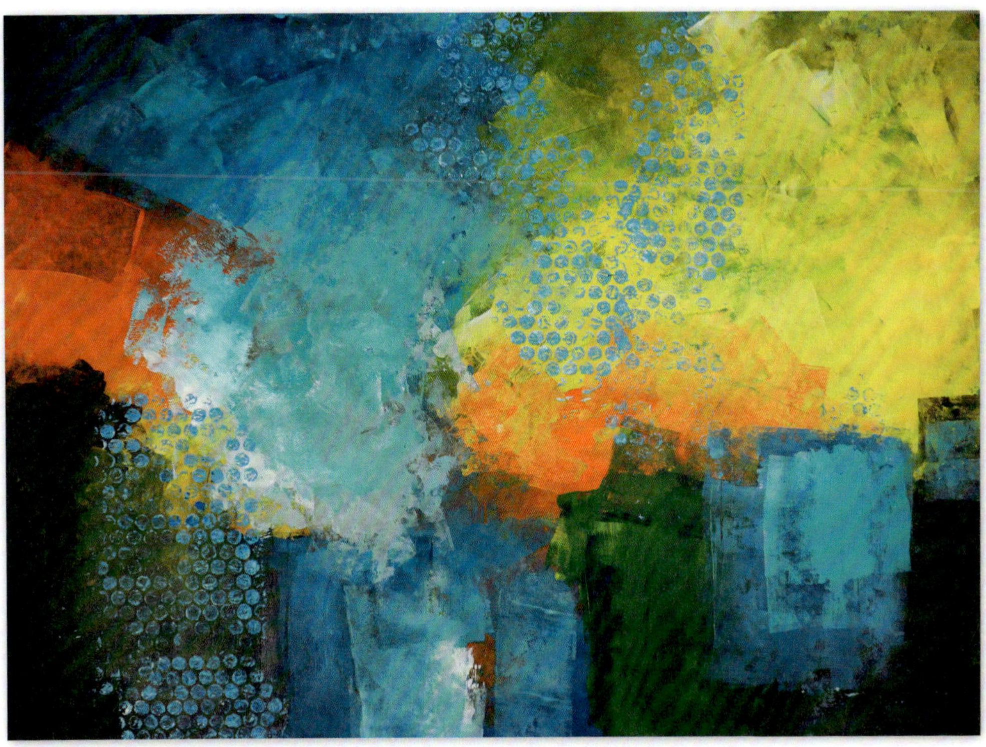

3. Schritt

Lege nun am unteren Bildrand in vertikalen Walzbewegungen eine Farbfläche an, die aus mehreren Farbrechtecken besteht. Am rechten und linken Bildrand wird vermehrt Schiefergrau eingesetzt und im mittleren Bereich Farbmischungen aus Türkis dunkel und Weiß.

Der Grünton entsteht aus der Mischung von Türkis mit Kadmiumgelb.

Verwende eine Verbindung aus Türkistönen und Weiß für die helle Farbfläche in der Bildmitte und den Abdruck von Luftpolsterfolie.

4. Schritt

Bisher wurde die Walze in großen und kleinen sich kreuzenden Bewegungen oder in vertikaler Führung eingesetzt. Für die Gestaltung des lebendigen Bildteils nimmst du nun eine größere Menge Farbe mit der Walze auf, setzt die Walze am Malgrund an und bringst sie in einer schwungvollen Halbdrehung auf.
Wiederhole den Vorgang mit unterschiedlichen Farben, die sich auf dem Karton teilweise miteinander vermischen.
Die Walze wird nun als eine Art Stempel benutzt, indem die Farbe auf den Malgrund gedrückt wird.

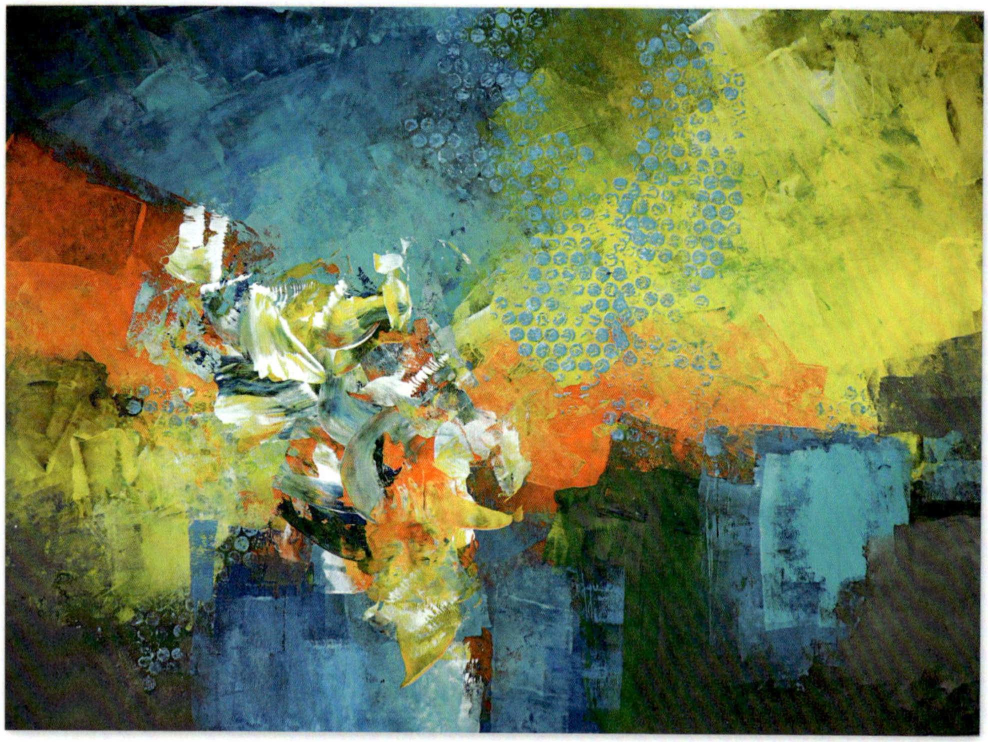

5. Schritt

Nun kommen selbst hergestellte Schablonen zum Einsatz. Es ist oft gar nicht so einfach, die passende Form zu finden. Fertige daher Probestücke aus Papier an und erprobe ihre Eignung als Gestaltungsmittel auf einem separaten Malgrund. Anschließend kannst du dann entsprechende Druckstöcke anfertigen, z.B. aus einfachen Plastik-Tischsets.
Bestreiche deine Schablonen mit Farbe und drucke sie auf dem Malgrund ab. Hier werden eine schlangenlinienartige und eine ovale Schablone verwendet.

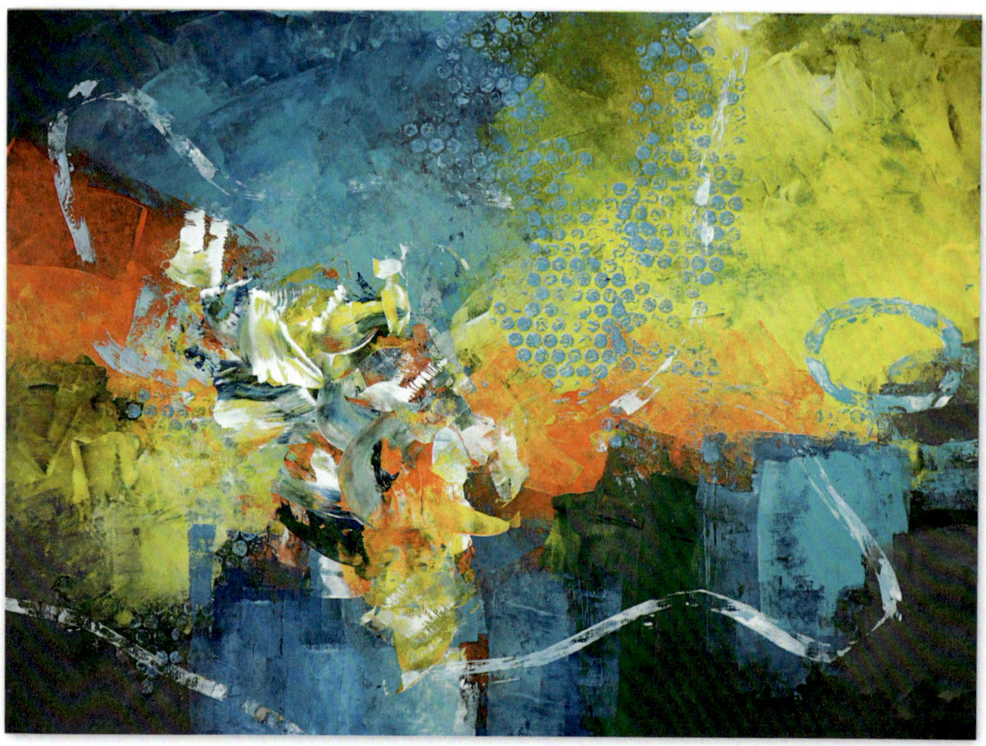

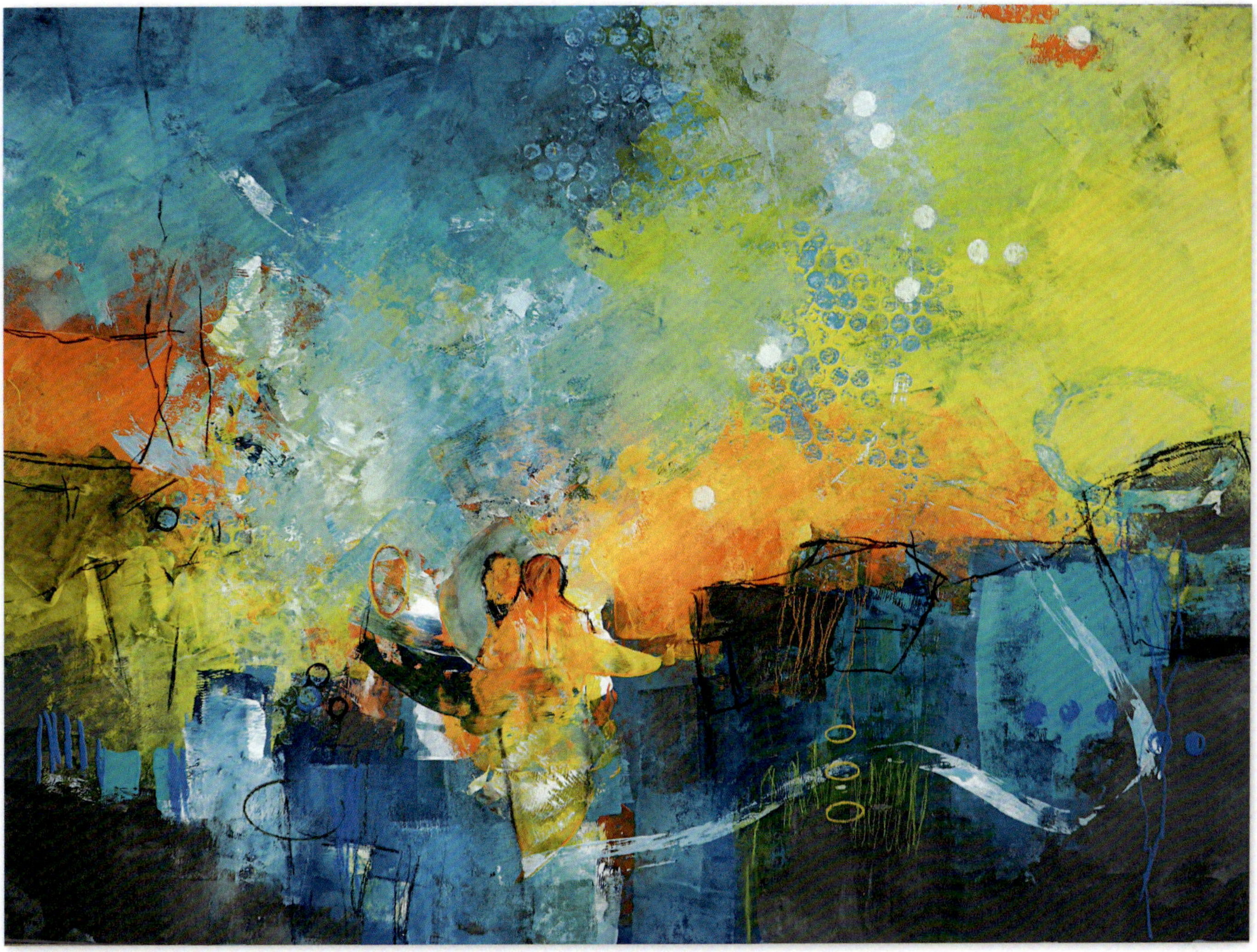

Fertiges Bild

Beruhige nun den Bereich außerhalb der angedeuteten Figuren, indem du mit der Walze Farbe in kleinen Bewegungen verteilst. Freie Zeichnungen mit Kohle und Kreiden nehmen Farb- und Formelemente auf und führen sie weiter. Schablonen für Kreise und Ovale ermöglichen Wiederholungen, die bei einer Serie als Merkmal fungieren können. Denke daran, dass Kohle und Kreide fixiert werden müssen.
Je nach persönlicher Vorliebe kann man dem Bild ein Thema geben. Hier wäre thematisch die figurative Malerei oder die Ansiedlung von Häusern möglich gewesen.

Tipp: Der **Malgrund** hat einen entscheidenden Einfluss auf den Malprozess und das Ergebnis. In diesem Buch wird die Walzentechnik auf Buchbinderkarton und Leinwand vorgestellt. Aber es können auch unterschiedliche Papiere, MDF-Platten (mitteldichte Faserplatte), Holzkörper, Pappwabenplatten oder mit Leinwand überzogene Malplatten Verwendung finden. Wenn du mit den unterschiedlichen Untergründen experimentierst, kannst du sie bewusst für bestimmte Effekte einsetzen.

Skyline

Du brauchst:

- Buchbinderkarton, 50 × 70 cm, 2 mm dick
- Acrylfarben in Türkis dunkel, Echtgelb hell, Schiefergrau, Orange, Weiß
- Synthetikpinsel, gerade Borste, 12 mm
- Feiner spitzer Pinsel, Gr. 4
- Farbwalze (Linolwalze), 6 cm
- Teppichstopper als Schablone
- Wellpappe
- Schaumstoffrolle
- Englische Naturkohle in verschiedenen Stärken
- Mallappen
- Pastellfixativ

Bei diesem Bild handelt es sich um die Interpretation eines Fotos der Frankfurter Skyline. Diese muss aber am Ende nicht als solche erkennbar sein.
Die Fotografie dient lediglich als Anregung für die Formgebung und Anordnung der Bildelemente, welche mit der Walze grob angelegt werden.
Bei den Abbildungen von Schritt 2 bis zum Endbild sind nicht nur die Entwicklungsstadien zu erkennen, sondern auch die Möglichkeiten der verschiedenen Abstraktionsgrade. Zudem verdeutlichen die Schritte den Einfluss der Farbgebung auf die Wirkung der Formen. Schaumstoffrolle, Schablone, Wellpappenabdruck und Zeichenkohle unterstützen den individuellen Ausdruck der Bildgestaltung.

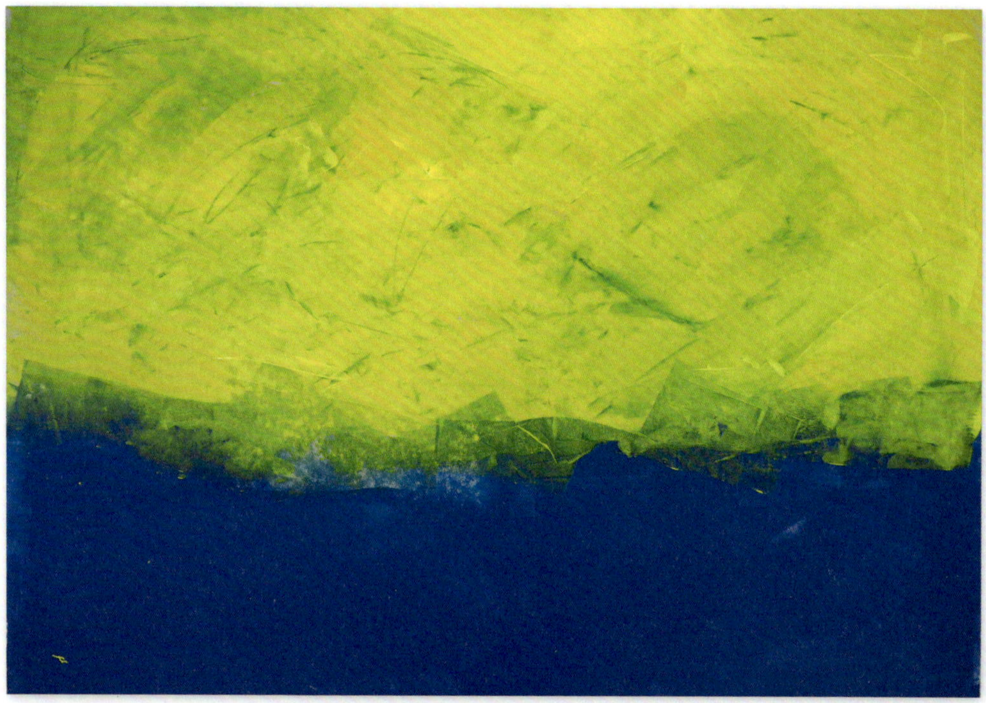

1. Schritt

Fülle das untere Drittel mit schnellen, sich kreuzenden Bewegungen satt mit Türkis dunkel und den oberen Bereich mit Echtgelb hell.
Anders als Leinwand saugt der Buchbinderkarton die Farbe stark auf. Obwohl die Farbe sofort in den Karton aufgenommen wird, kannst du Anteile von Türkis nutzen, um den gelben Bereich zu nuancieren.

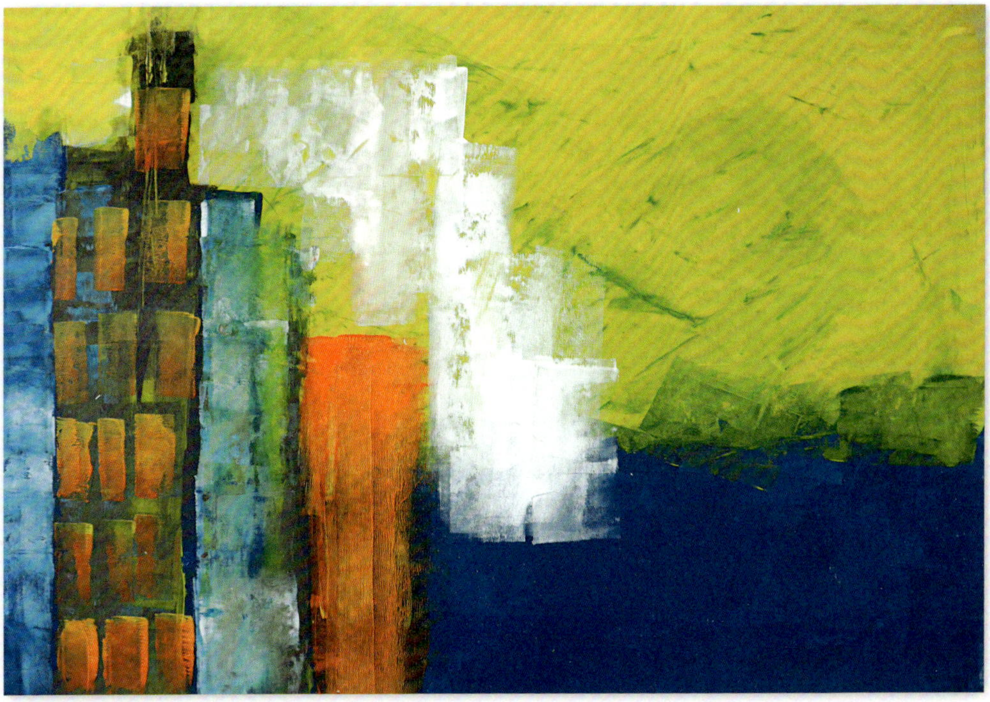

2. Schritt

Aufrechte Walzbewegungen mit den Farben Schiefergrau, Türkis und Gelb bilden die Basis des Gebäudes am linken Bildrand. Lege auf diese Bereiche kleine Farbflächen in einer Weiß-Türkis-Mischung. Rechts schließt sich eine Farbfläche aus Orange und Echtgelb an.
Wiederhole diese Farbgebung im mittleren Bereich der zuvor angelegten blauen Farbfläche. Dadurch, dass die Walze dort die Farbe mehr druckt als abrollt, entsteht der Eindruck von Fenstern. Die mittige weiße Fläche bildet einen Farbkontrast.

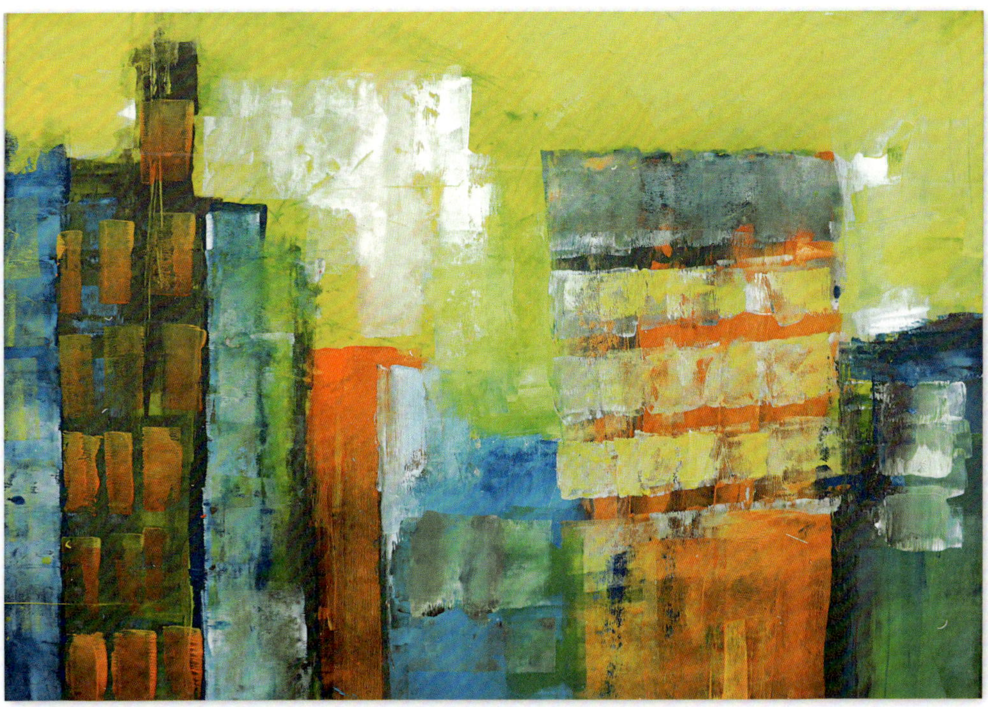

3. Schritt

Für das große hohe Gebäude rechts bilden Gelb und Orange die Untermalung. Übermale die Fläche am oberen Rand mit etwas Türkis. Links davon entsteht aus Türkis und Weiß ein kleineres hellblaues Farbfeld. Mische diesem Farbmix Gelb bei und füge den so entstandenen Grünton rechts und in das hellblaue Feld ein. Erweitere den Mischton um Weiß und setze damit Fenster in das grüne Feld rechts.
Das große Farbfeld in Orange wird mit kurzen aufrechten Strichen in Weiß und Gelb überarbeitet.

4. Schritt

Die Wahl der geeigneten Schablone steht immer im Zusammenhang mit der Struktur des Bildes. Bei weichen Formen macht der Einsatz von Luftpolsterfolie oder Geweben mit runden Formen Sinn. Hier ergaben sich durch das Gewebe eines Teppichstoppers viele kleine Quadrate, welche die Illusion von Fensterspiegelungen erzeugen. Lege dazu das Gewebe auf und trage mit der Schaumstoffrolle eine kontrastierende Farbe dünn auf. Diese Anteile werden um aufrechte Abdrücke von Wellpappe ergänzt.

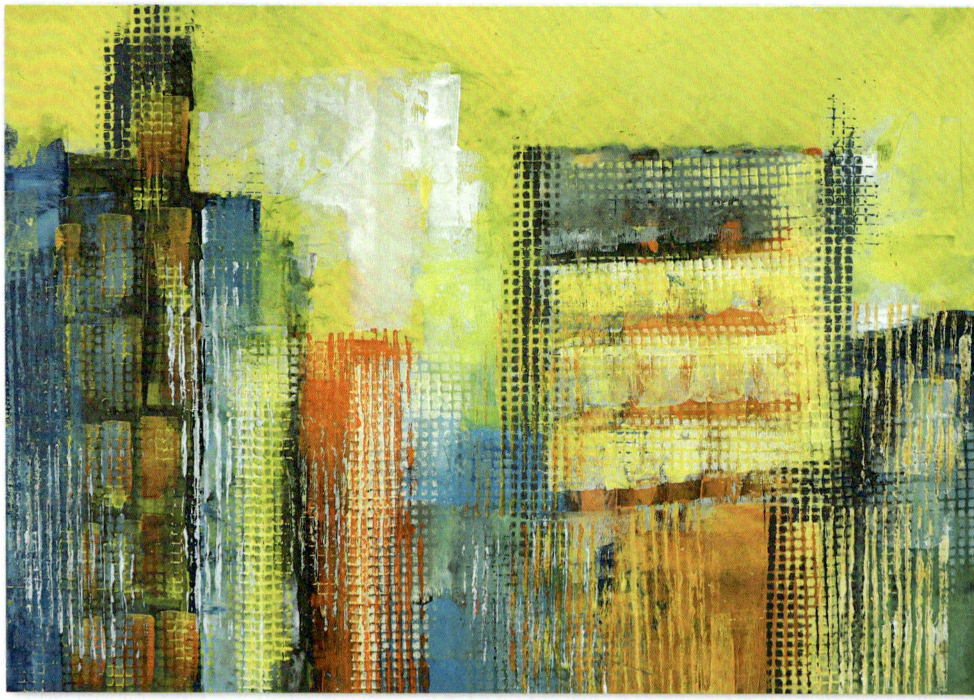

5. Schritt

Signifikante Linien mit Kohle grenzen die Häuser ab. Die Gestaltung der Fenster geschieht auf zwei unterschiedlichen Wegen:
Die dunklen Fenster, wie im Hochhaus am linken Bildrand, entstehen durch zwei parallel gesetzte Kohlestriche, die dann mit dem Finger zu einer eckigen Fläche verrieben werden.
Für die hellen, durchscheinenden Fenster, wie im Gebäude am rechten Bildrand, überarbeitest du die gesamte Fläche mit der Breitseite der Kohle und entfernst diese dann mit einem feuchten Lappen teilweise wieder.

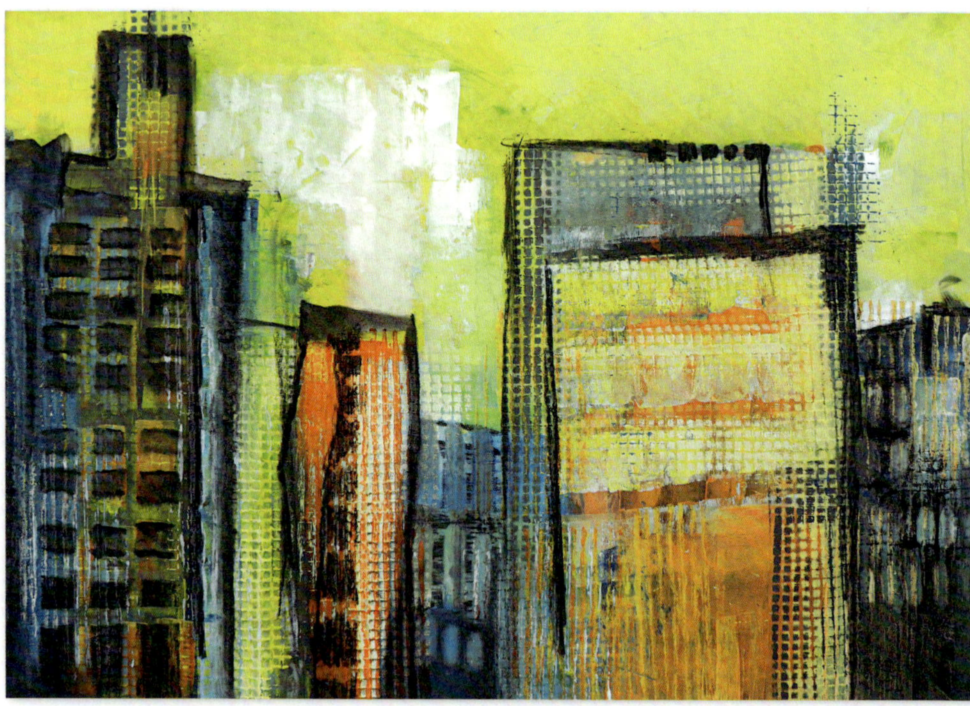

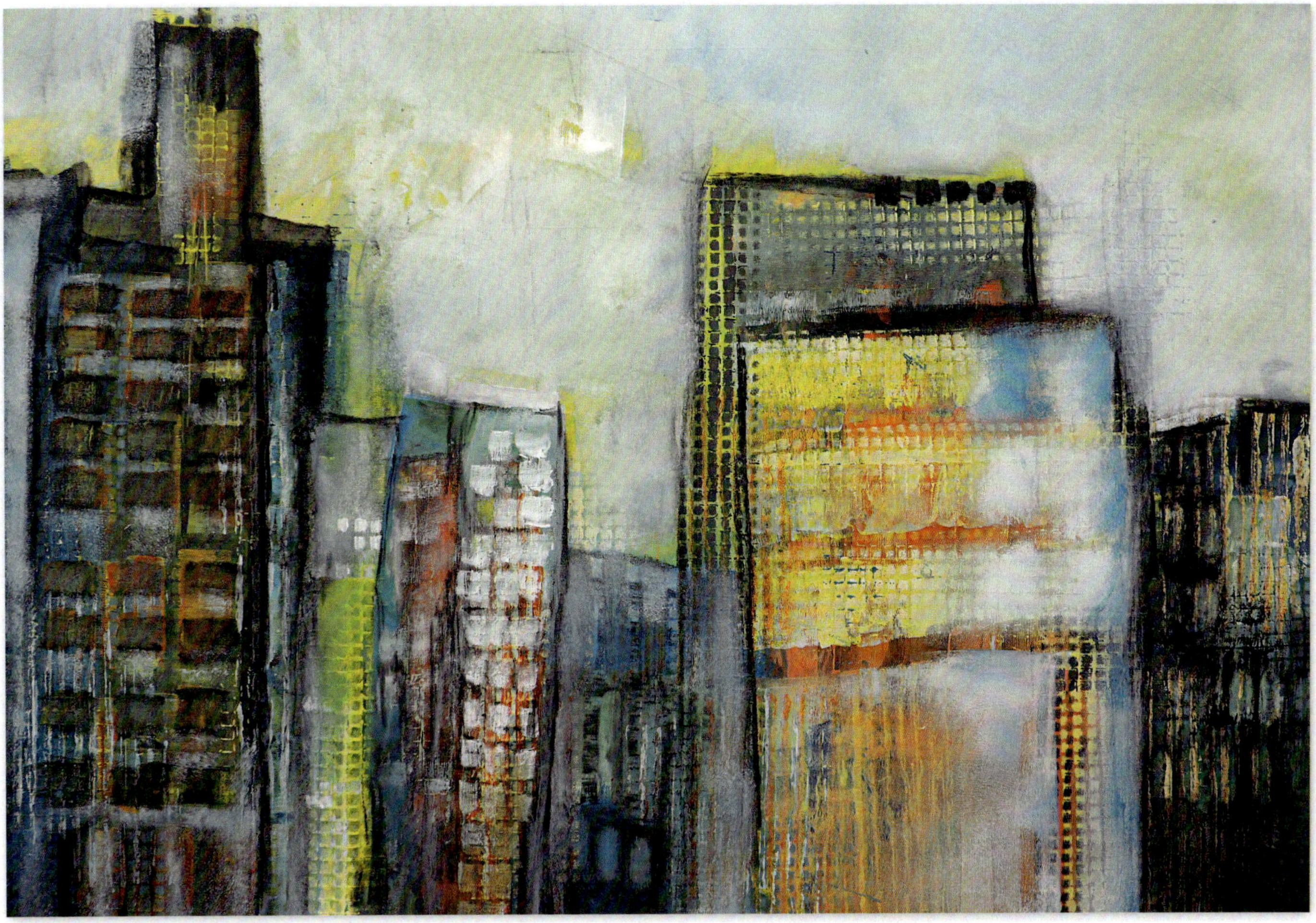

Fertiges Bild
Die großen weiß-blauen Fenster im gelben Gebäude werden mit dem Ende der Schaumstoffrolle gesetzt. Für die mittelgroßen weißen Fenster im schmalen mittleren Gebäude ziehst du mit der geraden Borste des Synthetikpinsels kleine Striche von links nach rechts. Einige Kästchen des Gewebeabdrucks werden zur Darstellung der kleinen weißen Fenster mit der Spitze des feinen Pinsels nachgemalt.
Trage zur Aufhellung des Hintergrunds mit der Schaumstoffrolle eine Mischung aus Weiß, Gelb und Türkis auf und fixiere abschließend das Bild.

Tipp: Wird eine **Vorlage** verwendet, steht bei der Auswahl der persönliche Reiz im Vordergrund. Dieser kann seinen Ursprung in einem emotionalen Bezug haben, in der Farbigkeit oder der Komposition, wie im hier gezeigten Beispiel.
Unabhängig davon sollte dein Bild wie bei einem Theaterstück mit Hauptdarsteller(n), Nebendarsteller(n) und Statisten ausgestattet sein. Diese werden durch die Anordnung der Bildelemente, die Kontraste und die Farbwahl sowie entsprechende Modulationen bestimmt.

Auf der Suche

Du brauchst:

- Leinwand, 50 × 40 cm
- Acrylfarben in Türkis, Weiß, Mittelgrau, Indigo, Rot, Orange, Indischgelb, Himmelblau, Kieselgrau, Schwarz
- Naturkohle in unterschiedlicher Breite
- Pastellfixativ
- Silikonpinsel mit spitzer und runder Gummispitze, jeweils 35 mm

Silikonpinsel sind Pinsel, die anstelle einer Borste eine flexible Gummispitze haben, die je nach Ausführung sehr spitz oder eher rund verläuft.
Es gibt sie in weich und hart sowie in unterschiedlichen Breiten.
Auch unter der Bezeichnung „Colour Shaper" sind sie im Angebot zu finden, welche die Eigenschaft dieses Werkzeugs schon gut beschreibt, denn die Farbaufträge können mit ihm auf unterschiedlichste Art gestaltet werden.
Wie mit einem Spachtel kann Farbe aufgebracht und anschließend verschoben, verteilt oder abgezogen werden.
Je nachdem, welche Art von Silikonpinsel du wählst und ob du die breite oder schmale Seite nutzt, verändert sich der Duktus.

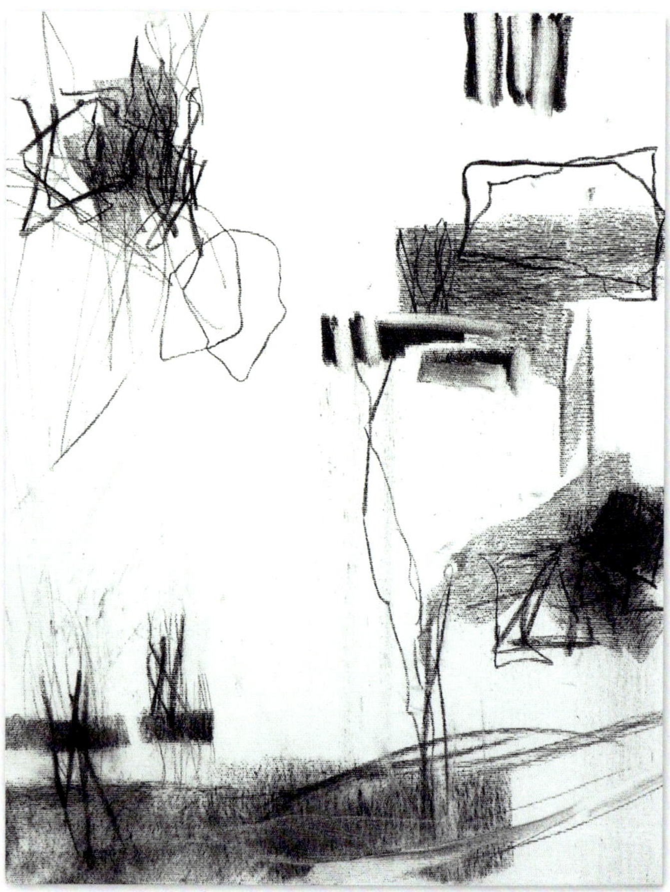

1. Schritt
Ein bespannter Keilrahmen mit einer fertigen Grundierung wird mit unterschiedlichen Kohlezeichnungen versehen. Auf diese Weise bekommst du ein Gefühl für die Hell-Dunkel-Anteile im Bild und du kannst dich in der Gestaltung von Fläche und Linie üben.
Nutze dabei die Breitseite der Kohle für die Flächengestaltung, die Enden für die Zeichnung. Diese erfolgt im Wechsel von starkem und leichtem Druck, kurz und lang sowie rund und eckig. Abschließend ist eine Fixierung notwendig.

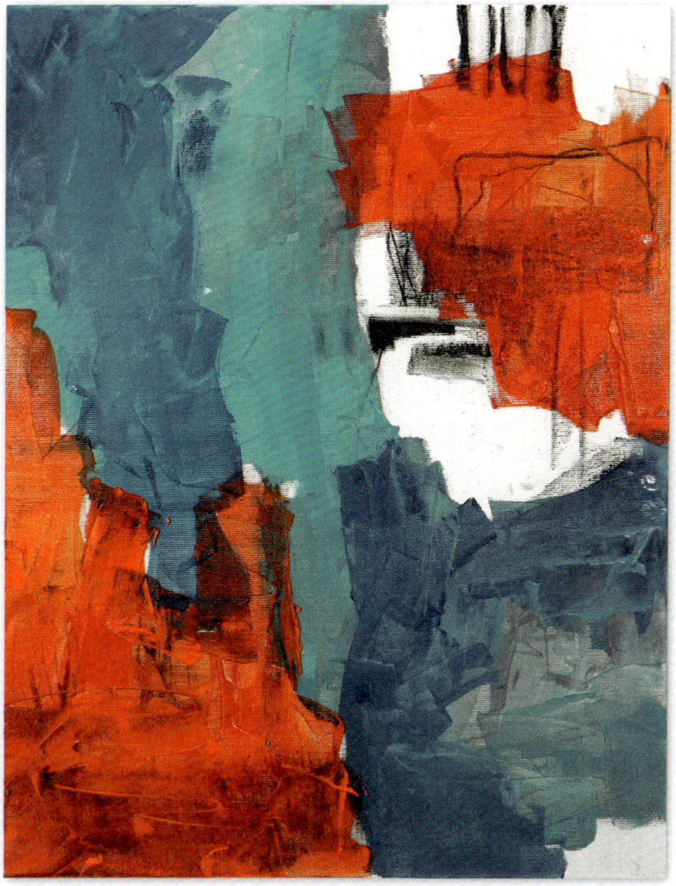

2. Schritt

Türkis, Weiß, Mittelgrau und Indigo sind die Farben der blauen Farbflächen.
Gib dafür die Farbe mit der glatten Fläche des spitzen Silikonpinsels auf die Leinwand und schiebe sie anschließend in aufrechtstehender Pinselhaltung mit der Spitze hin und her, sodass eine spezielle Pinselspur entsteht.
Auf diese Weise kannst du auch die Farben auf der Leinwand mischen.
Der Farbton der geschaffenen Farbflächen gehört in den Bereich der kalten Farben.
Rot und Orange bilden miteinander vernetzt die anderen Farbflächen, die du mit dem runden Silikonpinsel gestaltest.
Diese Anlage entspricht einer warmen Farbgebung.
Die Unterteilung in warme und kalte Farben findet eher subjektiv statt und führt oft zu assoziativen Verbindungen, zum Beispiel kalt für schattig, beruhigend und warm für sonnig, lebendig.

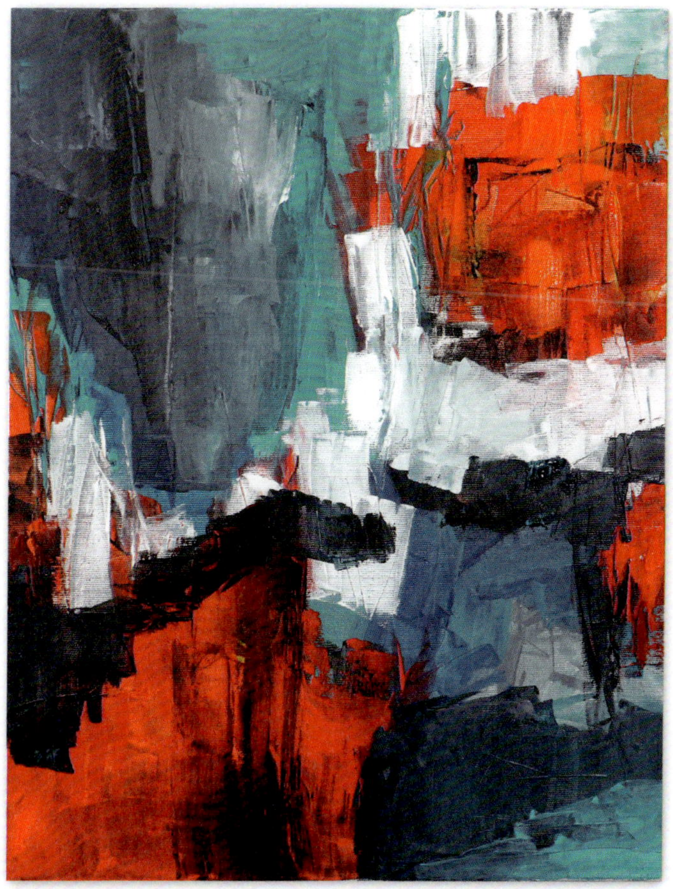

3. Schritt

Lege nun unter Bezugnahme auf die ehemaligen Kohleflächen vom Rand ins Bildinnere laufende Schenkel in Indigo und Schwarz an.
Male noch erkennbare Zeichnungen nach oder füge sie wieder ins Bild ein.
Die scharfe Kante des spitzen Silikonpinsels lässt bei seitlicher Führung Rillen und Striche entstehen.
Verteile zur Verstärkung des Hell-Dunkel-Kontrastes mit dem weichen Silikonpinsel Weiß im Bereich der dunklen Anteile und erweitere diese bis zum oberen Bildrand.
Weiß gehört zu den stark deckenden Farben, die sehr dünn oder als Mischweiß eingesetzt werden sollten, wenn die ursprüngliche Zeichnung noch durchscheinen soll.
Dagegen sind andere Farbtöne transparenter, sodass die Kohlezeichnung noch erkennbar und somit nutzbar ist.

4. Schritt

In dieser Phase musst du entscheiden, in welche Farbrichtung sich das Bild entwickeln soll.
Da Farben verschiedenste Assoziationen hervorrufen, solltest du überlegen, welche Wirkung du erzielen möchtest.
Im weiteren Vorgehen werden die Blauanteile zugunsten einer eher ruhigen Stimmung verstärkt. Dafür werden die Rotanteile weiter reduziert, sollten aber an ausgewählten Stellen unbedingt erhalten bleiben.
Nach ersten Erfahrungen mit beiden Silikonpinseln kannst du für die weitere Arbeit nach deiner persönlichen Vorliebe entscheiden, welchen Pinsel du nutzen möchtest.
Verbinde im unteren Bereich die Farben Indigo, Türkis und Himmelblau auf der Leinwand zu einer zusammenhängenden Fläche.
Im oberen Bildbereich dominieren Hellblau, Kieselgrau und Weiß.

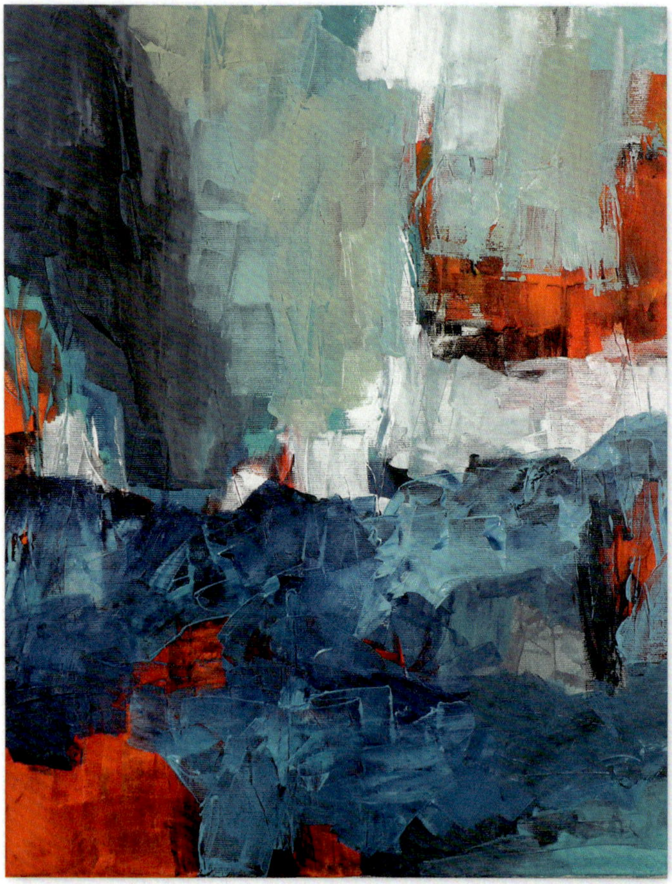

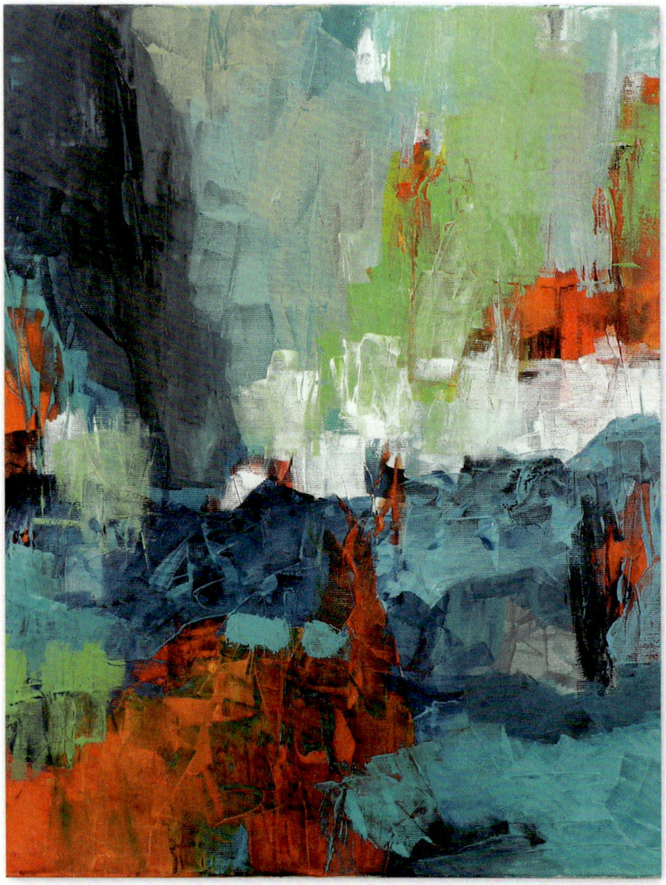

5. Schritt

Die Bildanlage suggeriert eine Landschaft, deren Eindruck du verstärken oder auflösen kannst. Nimm zur Unterstützung der Landschaft wieder Rot ins Bild auf und gestalte eine Art Weg bzw. Bildeinstieg am unteren Bildrand. Mische für den Grünanteil im oberen und unteren Bereich Hellblau, Indischgelb und etwas Weiß. Das macht die Farbgebung insgesamt etwas wärmer. Durch Einbringen von nuancierten Türkisanteilen entstehen im dunklen Bereich weitere Bildebenen.
Möchtest du den Landschaftscharakter auflösen, kann die Anlage von geometrischen Formen eine Lösung darstellen. Wenn du noch unsicher bist, in welche Richtung es weitergeht, nimm unterschiedliche Perspektiven ein, indem du das Bild in alle möglichen Richtungen drehst und eingehend betrachtest. Vielleicht helfen dir die Hinweise auf Seite 8 und 9 für eine eigenständige Weiterarbeit.

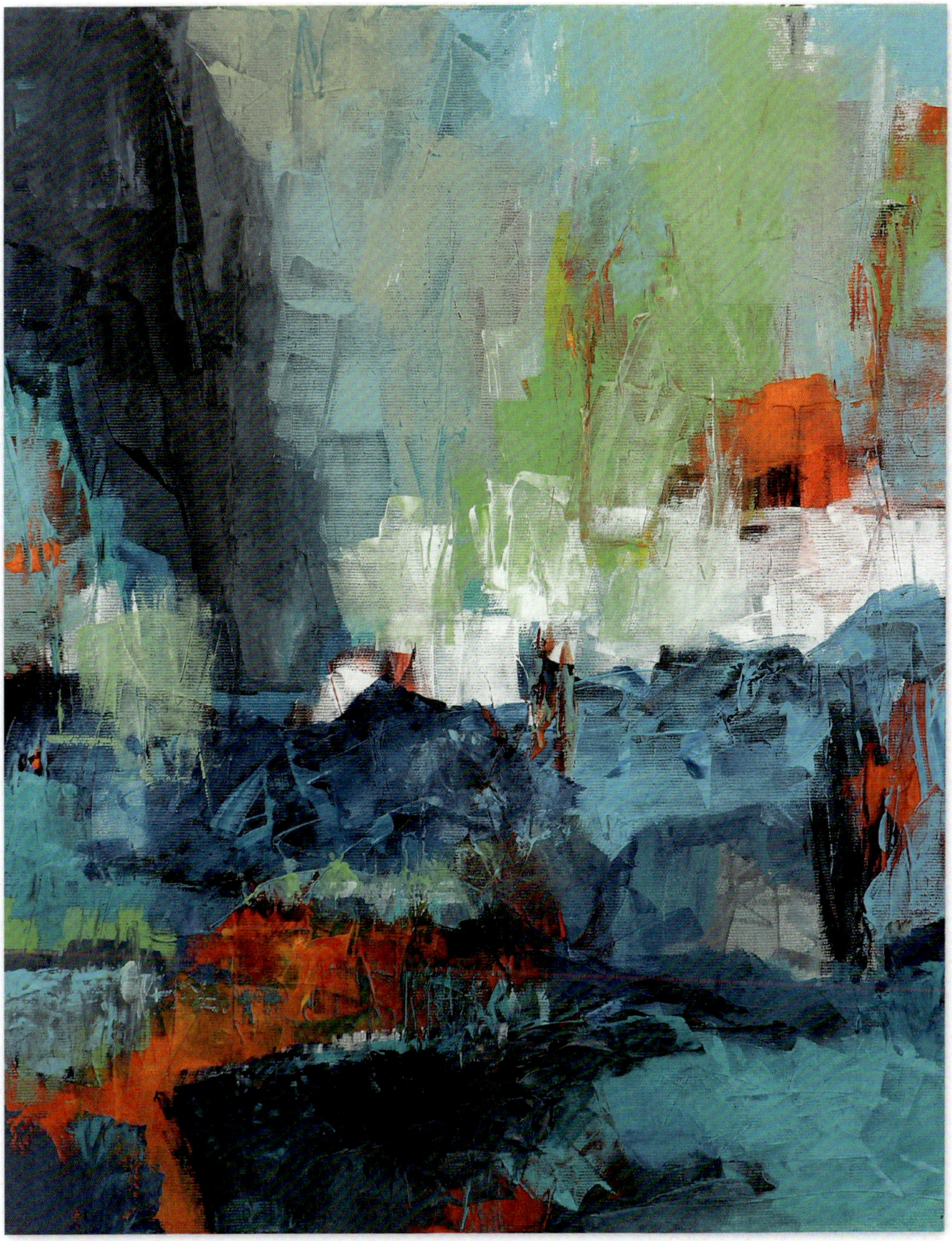

Fertiges Bild

Das Ziel einer abstrahiert landschaftlichen Darstellung wird weiterverfolgt. Die rote Farbfläche im oberen rechten Bildteil erhält durch die Bearbeitung der Umgebung eine konkrete Form, die eventuell als Höhleneingang interpretiert werden kann.
Forme nun auch den in Rot gehaltenen Weg am unteren Bildrand durch die Veränderung des Außenbereichs. Die Gestaltung eines Objekts durch Bearbeitung der Umgebung bezeichnet man als Negativform und die Gestaltung innerhalb des Objektes selbst als Positivbearbeitung.
Achte bei der Ausgestaltung auf Farbwiederholungen, Farbkontraste und unterschiedliche Pinselführungen.

Tipp: Oft wird die **Verwendung mehrerer verschiedener Techniken** in einem Bild als irritierend empfunden. Es entsteht der Eindruck, dass die unterschiedlichen Bildaufträge konkurrieren und keine Einheit ergeben. Je nach Werkzeugführung ist das gleichzeitige Benutzen von Farbwalze, Malmesser und Silikonpinsel dagegen meist unproblematisch.
Wenn du bei kleinteiligen Einfügungen mit der Farbwalze an Grenzen stößt, kann ein Wechsel des Werkzeugs die Arbeit erleichtern.

Ein Tag am Meer

Du brauchst:

- Leinwand, quadratisch, z.B. 35 × 35 cm
- Acrylfarben in Krapplack, Schwarz, Cyan, Preußischblau, Titanweiß, Graublau, Stahlblau, Grüne Erde, Elfenbein, Oliv hell, Vandyckbraun
- Universalpinsel, kurze Borste, 1 cm
- Universalpinsel, lange Borste, 2 cm
- Malmesser mit kleiner eckiger Schaufel
- Malmesser mit langer gerader, schlanker Klinge

Diese imaginäre Landschaft ist eine Kombination aus zwei verschiedenen Maltechniken.
Mit Quer- und Längsstrichen, die sich in Länge und Breite unterscheiden, sowie mit weichen Farbzonen wird mit dem Pinsel eine Landschaft angelegt.
Hier kannst du wieder die Modulation von Farbtönen üben.
Taste dich in der ersten Schicht an die Farbgebung heran und überprüfe, ob Auswahl und Zusammensetzung mit deiner Zielrichtung übereinstimmen.
Die nächste Schicht ist sozusagen eine Reaktion auf die erste.
Farben oder Flächen, die nicht deinen Vorstellungen entsprechen, kannst du übermalen, erhaltenswerte dagegen verstärken.
Auch wenn die gesamte Fläche überarbeitet werden soll, kann die erste Schicht z.B. dann eine interessante Rolle spielen, wenn „falsche“ Farben immer wieder mal durchblitzen.
Das Gegenüber von weichem Pinselstrich und ruppigem Spachtelduktus gehört auch in die Rubrik von nutzbaren Kontrasten.
Wenn die Gegensätzlichkeit zu ausgeprägt ist und das Auge keine Verbindung herstellen kann, müssen Anpassungen vorgenommen werden, indem z.B. der lebendige Teil etwas beruhigt wird.

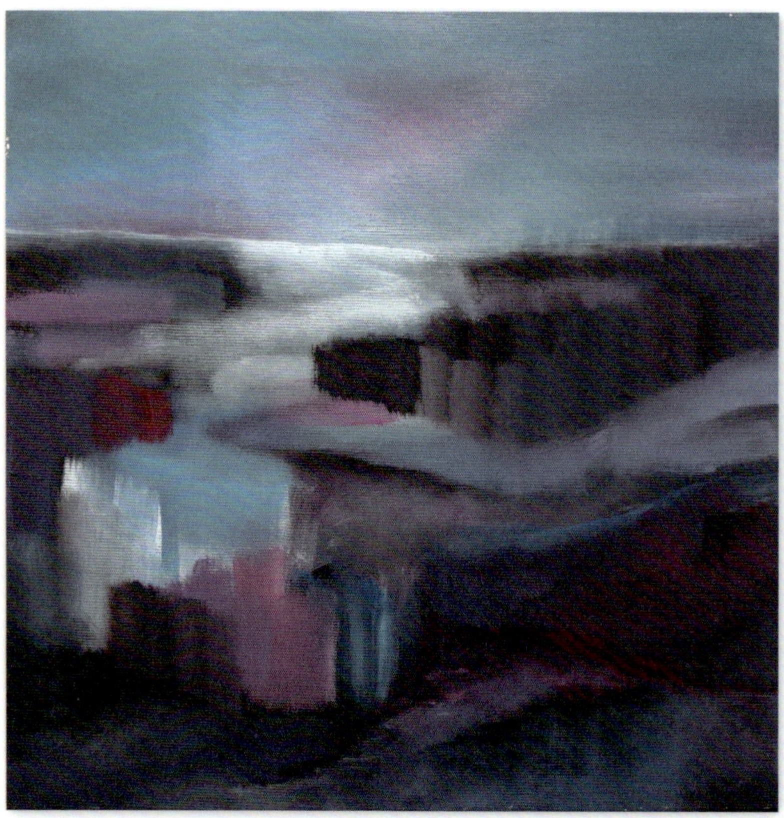

1. Schritt
Beginne am oberen Bildrand und verbinde Cyan, Preußischblau, Krapplack und Weiß weich miteinander.
Vermische kleine Farbmengen mit dem nebelfeuchten Pinsel auf der Leinwand miteinander. Die unterschiedlich geführten Pinselstriche unterstreichen die Räumlichkeit. Die Farbgebung ist eine ständige Modulation der aufgeführten Farbtöne.

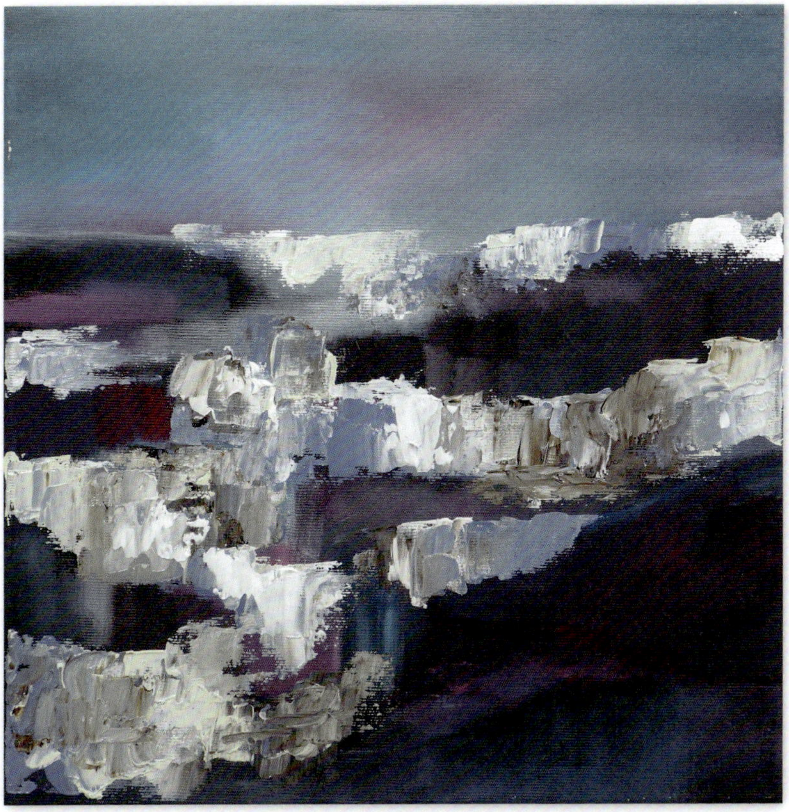

2. Schritt

In Anlehnung an die bereits bestehende Bildkomposition legst du nun mit dem kleinen Malmesser erste helle Farbschichten an.
Gib dazu von den Farben Elfenbein, Weiß, Vandyckbraun und Graublau jeweils eine sehr kleine Menge auf die Leinwand und verbinde sie in kurzen, vertikalen Bewegungen mit dem Malmesser. Auf diese Weise werden die Stufen oder „Bänder“ geformt.
In diesem Stadium wird die entstehende Räumlichkeit durch die verschiedenen Techniken besonders deutlich. Beachte, dass deine Farbmenge im weiteren Verlauf variiert.
Ein pastoser Auftrag erfolgt durch vermehrte Farbaufnahme und druckfreien Auftrag, ein transparenter mit wenig Farbe und leicht gekantetem Malmesser.
Transparenz kann auch durch Freischaben einer frisch angelegten Schicht erzeugt werden.

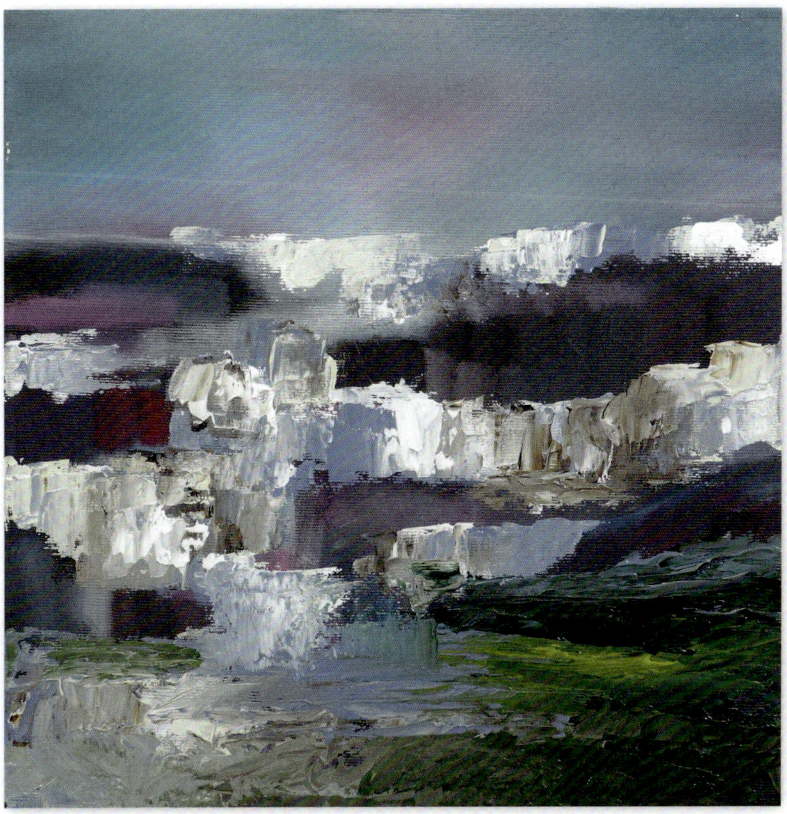

3. Schritt

Arbeite mit dem Malmesser mit der langen schmalen Klinge weiter und trage parallel zum unteren Bildrand jeweils eine mittlere Menge der Farben Preußischblau, Grüne Erde, Vandyckbraun, Stahlblau und Oliv hell auf.
Setze das Malmesser flach auf, verteile die Farben in Querrichtung so, dass sie sanft über die Malfläche gezogen werden und streiche sie dann in schnellen kurzen Bewegungen nach unten aus. Durch dieses Vorgehen entstehen fließend wirkende Verbindungen.
Die quer verlaufenden Bewegungen bilden einen Kontrast zu den expressiven vertikalen Strichen im oberen Bereich des Bildes.
Der neu eingebrachte grün-gelbe Farbton überdeckt die tiefviolette Farbpartie und hellt das Bild dadurch etwas auf.
Außerdem unterstützt die neue Farbgebung den landschaftlichen Charakter.

4. Schritt

Die Farbgebung wiederholt sich am linken Bildrand auf gleicher Höhe.
Allerdings benutzt du hier die verschiedenen Malmesser im Wechsel.
Verändere nun die grün-bläulichen Farbtöne mit den helleren Farben so, dass ein grau-grüner Farbton entsteht, den du in der Bildmitte einsetzt und der sich nach rechts oben weiterzieht.
Teste das unterschiedliche Ergebnis deiner Längs- und Querbewegungen, indem du den Anstellwinkel der Klinge variierst.
Für die Begradigung bzw. Betonung der Horizontlinie kannst du folgendermaßen vorgehen: Wähle einen steilen Anstellwinkel, arbeite in Querbewegung und ziehe mit der Kante des Malmessers feine leicht aufgeworfene Linien.
Da der Bildidee kein realistischer Ort zugrunde liegt, kann man ganz dem persönlichen Farb- und Formgefühl folgen.

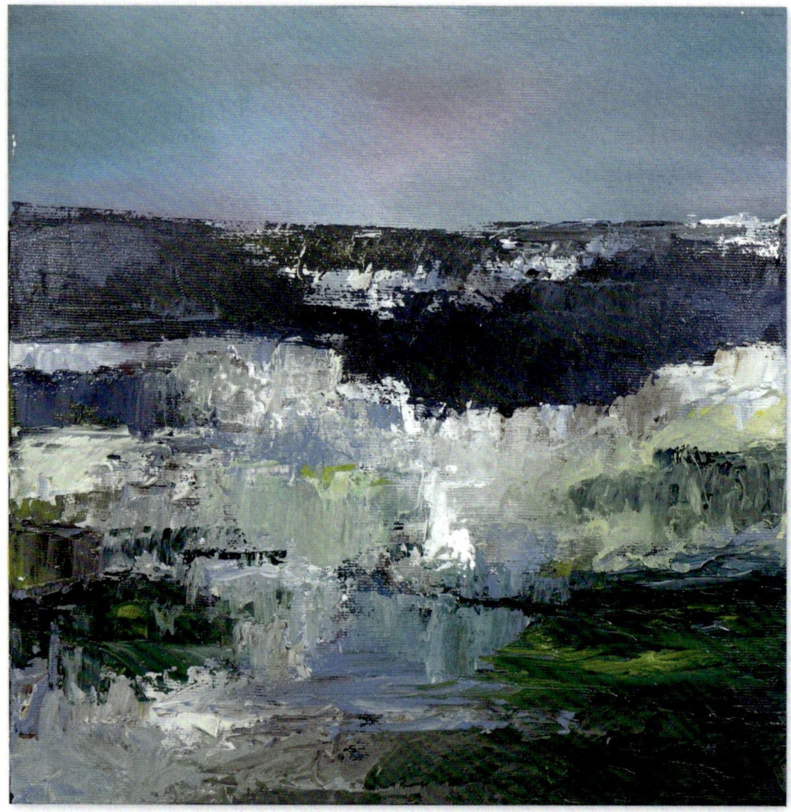

5. Schritt

Die im vorigen Schrittbild sichtbare Dunkelheit unterhalb der Horizontlinie soll erhalten bleiben.
Mische daher Preußischblau und Grüne Erde auf der Palette und trage sie mit einem Malmesser nach Wahl auf.
Ergänze die Farbgebung stellenweise durch Krapplack und kleine Mengen Stahlblau und Oliv hell.
Auf diese Weise wird die Dunkelheit nuanciert.
Die Horizontlinie wird ebenfalls in diese Farbrichtung verändert und hebt sich im Anschluss markant vom weichen Hintergrund ab.
Die Farbgebung des Himmels ist recht bläulich und bildet keinen ausreichenden Kontrast.
Daher wird dieser Bereich aufgehellt, indem mit dem Universalpinsel entsprechende Farben trocken aufgetragen und auf der Leinwand miteinander gemischt werden.

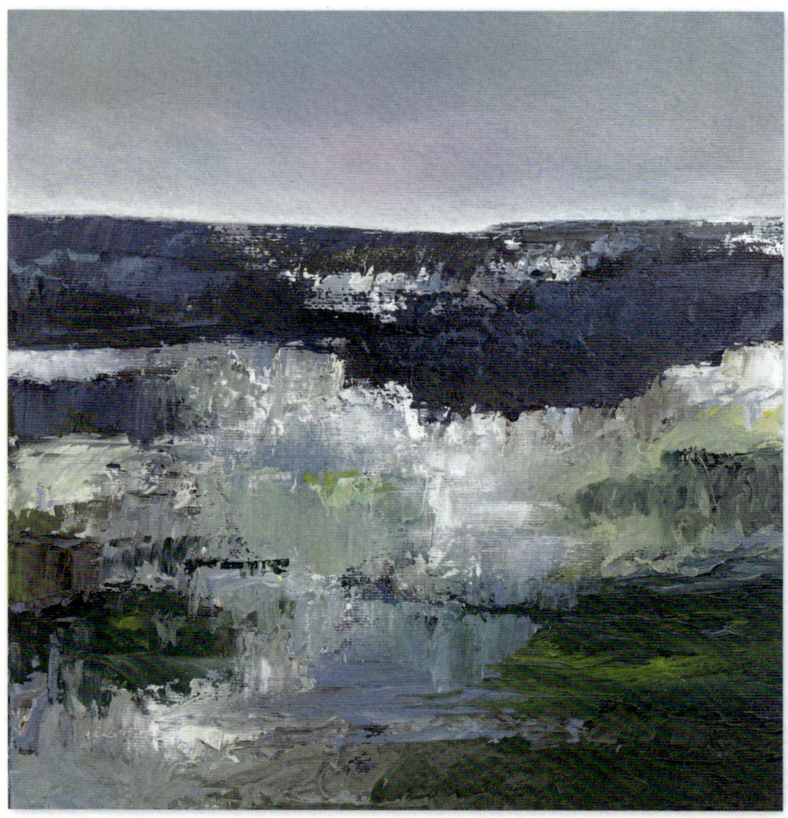

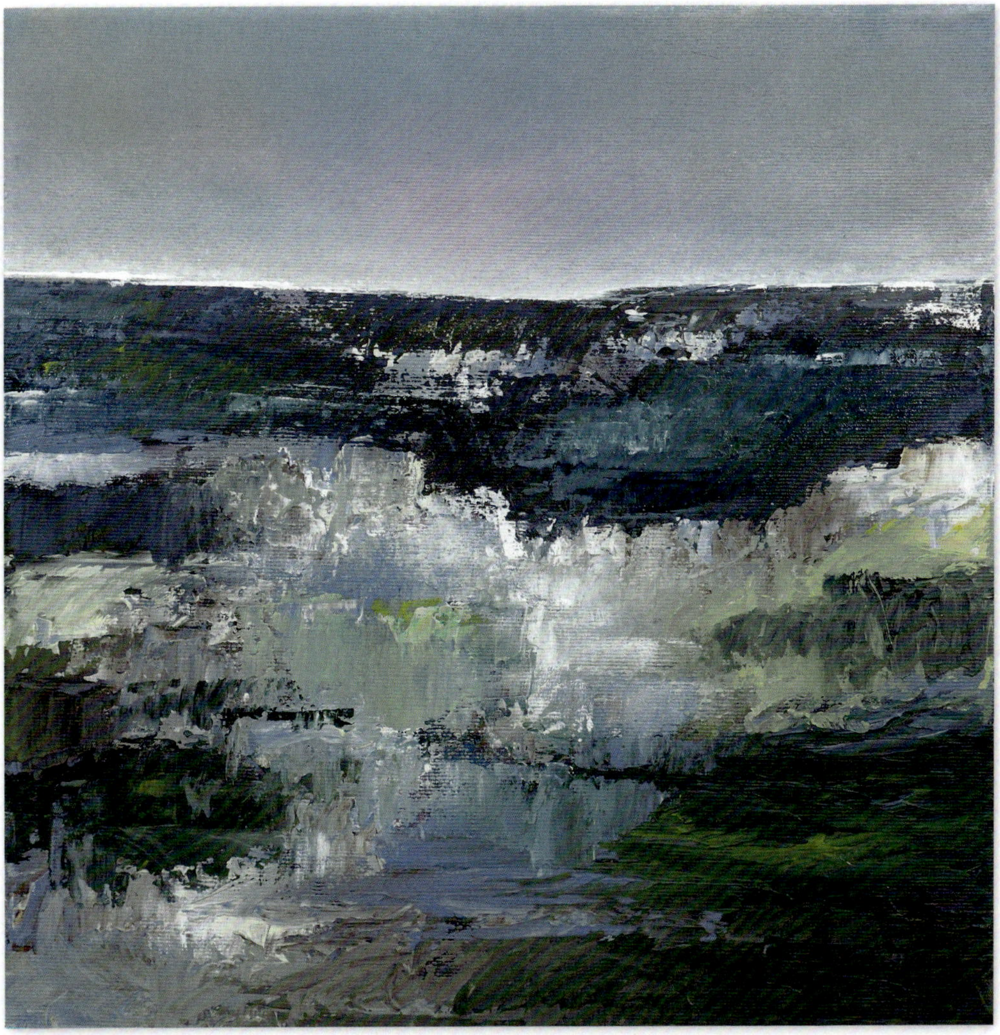

Fertiges Bild

Acrylfarben verändern sich durch den Trocknungsprozess und wirken danach meist dunkler und matter. In diesem Fall ist daher eine weitere Bearbeitung des Bereiches unterhalb der Horizontlinie erforderlich. Trage Stahlblau, Graublau und Weiß hauchdünn auf und verbinde sie immer wieder neu miteinander.
Falls dir bei deinem Bild der Himmel immer noch zu dunkel erscheinen sollte, helle ihn mit dem breiten Universalpinsel weiter auf, indem du die blaugrauen Farbtöne mit Weiß modulierst und trocken auf der Leinwand verreibst.
Tauche abschließend die Kante des langen schmalen Spachtels in etwas weiße Farbe und drücke sie entlang der Horizontlinie auf.

Tipp: Eine interessante Übung ist folgende: Wähle drei Farbtöne, gegen die du eine **starke Abneigung** hegst, sowie Schwarz und Weiß. Fülle die Leinwand mit diesen Farben. Nach dem Trocknen folgt eine Übermalung mit dreien deiner Lieblingstöne in Kombination mit Schwarz und Weiß. Lasse dabei aber Fragmente der ersten Schicht stehen. Oft ist das Ergebnis, dass man die zuvor abgelehnten Farben plötzlich als sympathisch oder als gute Ergänzung der bevorzugten Farbtöne empfindet.

Herbstraschelnz

Du brauchst:

- Leinwand, 60 × 40 cm
- Acrylfarben in Schwarz, Karminrot, Pyrollerot, Azo-Orange, Indischgelb, Zinnoberrot, Kadmiumgelb, Schwarz, Permanentgrün hell, Ultramarin, Cyan, Türkis hell, Paynesgrau, Himmelblau
- Zeichenkohle
- Quarzsand
- Universalpinsel, lange Borste, 2"
- Universalpinsel, 1 cm
- Klebeband
- 4–5 Haushaltsschwämme
- Sprühflasche mit Wasser

Möchtest du auf einfache Art und Weise eine Struktur erzeugen, solltest du es mit der Kombination aus Acrylfarbe und Sand versuchen.
Neben der in Schritt 1 gezeigten Methode kannst du auch im Voraus Sand und Acrylfarbe in einem Gefäß mischen und mit Pinsel, Malmesser oder Spachtel auftragen.
Dass der Sand in der Acrylfarbe haftet, liegt an dem darin enthaltenden Kunstharzbinder.
Die Arbeit an diesem Bild wird nach der Trocknung mit einem Schwamm fortgesetzt.
Die tiefer liegenden Ebenen bearbeitest du mit dem feuchten, die oberen Strukturen dagegen mit dem trockenen Schwamm.

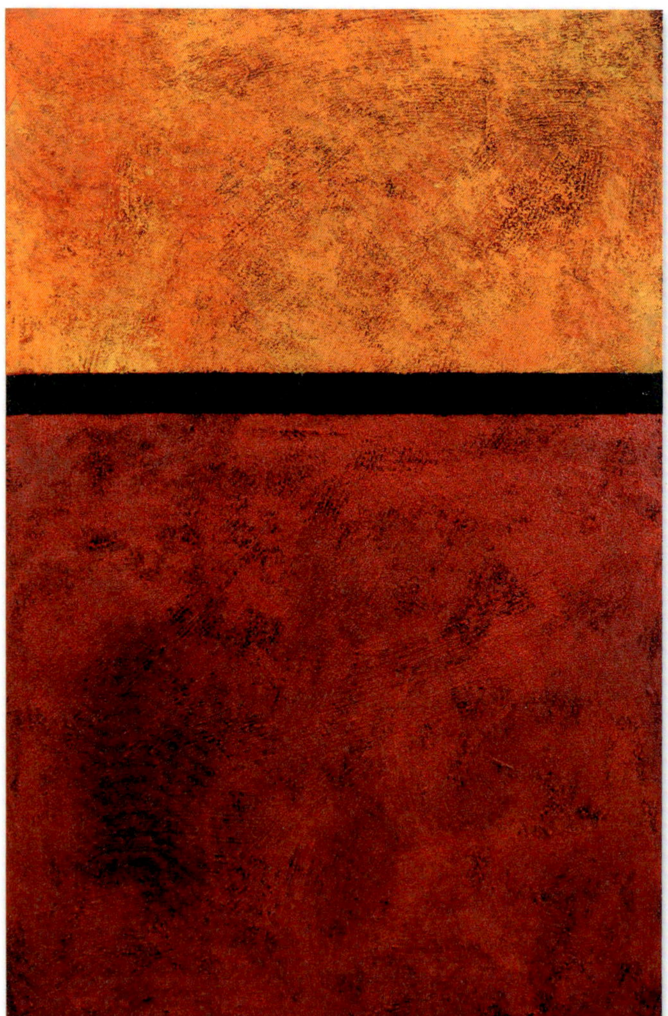

1. Schritt

Gib mit dem Pinsel einen großen Klecks schwarzer Farbe auf die Leinwand, in den du etwas Quarzsand hinein rieseln lässt. Verteile dann beides mit lockeren, kreuzenden Strichen, bis die gesamte Leinwand bedeckt ist.
Nach der Trocknung teilst du die Leinwand mit Klebeband in zwei ungleiche Flächen. Der untere Bereich wird mit Karminrot, Pyrollerot und Schwarz nuanciert, im oberen werden Azo-Orange, Indischgelb, Pyrollerot und ein wenig Karminrot mit dem Pinsel auf der Leinwand gemischt.

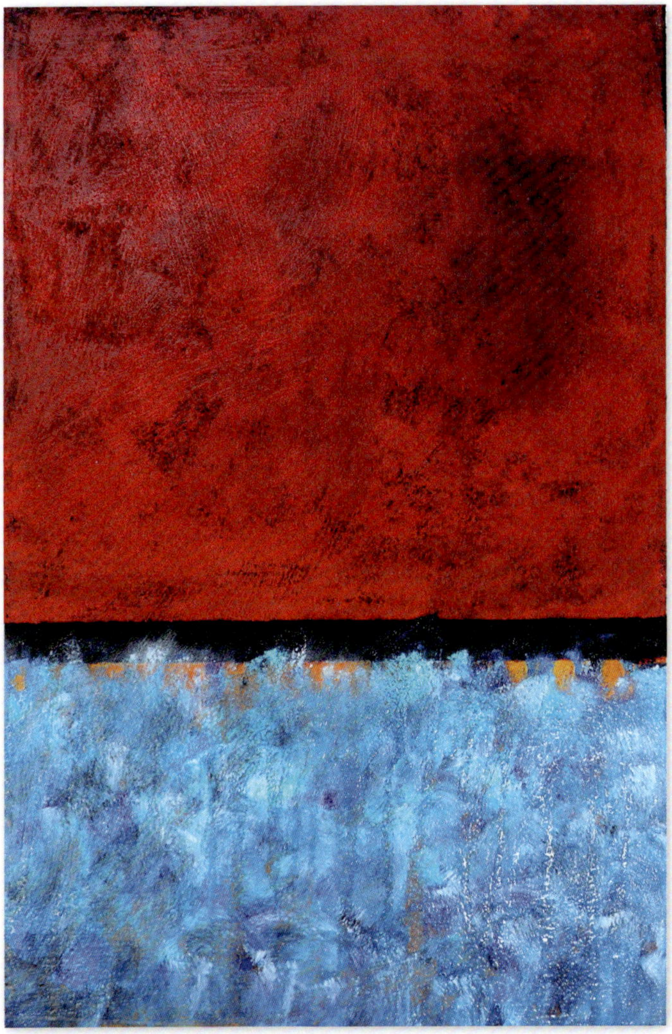

2. Schritt

Nach dem Trocknen drehst du das Bild und arbeitest sehr feucht weiter, da Farbe gewollt in Spuren verlaufen soll. Setze für jede Farbe einen eigenen angefeuchteten Schwamm ein und tupfe abwechselnd und in Abschnitten Cyan, Ultramarin, Türkis und Paynesgrau auf die Leinwand.

Tupfer in Weiß folgen in kleinen Drehbewegungen und werden durch Wasser aus der Sprühflasche mit den anderen Farben verbunden. Bei diesem Vorgang ergeben sich Laufspuren. Das Bild muss anschließend liegend trocknen.

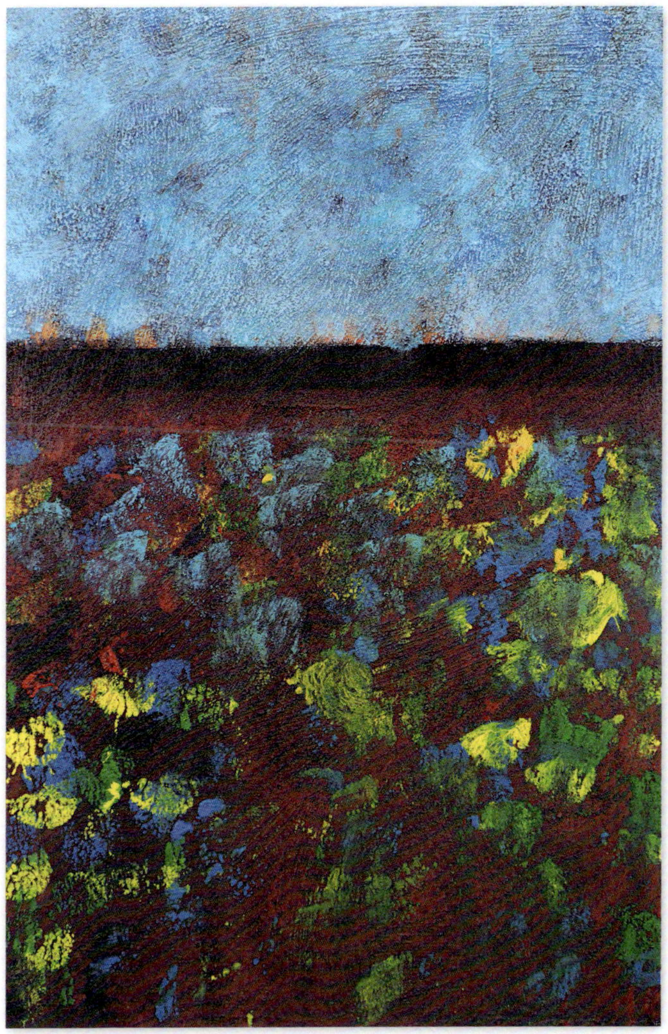

3. Schritt

Drehe nun das Bild wieder und gestalte das große Farbfeld in ähnlicher Form wie das kleinere, allerdings mit sattem Farbauftrag, weniger Wasserzugabe und sich stark unterscheidenden Farbtönen.

Setze Tupfer aus Cyan, Indischgelb, Kadmiumgelb, Schwarz, Karminrot und Permanentgrün hell nebeneinander und benetze sie nur wenig mit Wasser.

Betone dann die Horizontlinie noch mit Schwarz und Karminrot, die du ebenfalls mit dem Schwamm aufbringst und nur etwas mit Wasser ansprühst.

Das Bild muss jetzt gut trocknen.

4. Schritt

Arbeite jetzt mit einem trockenen Schwamm und wenig Farbe weiter. Beruhige den Himmel, indem du einen vorsichtigen Farbauftrag in Himmelblau auf die erhabenen Strukturen setzt.
Gehe genauso vor, wenn du Orange von der Horizontlinie ausgehend abwärts einarbeitest und anschließend partiell mit Kadmiumgelb überlagerst, sodass sich eine Nuancierung ergibt.
Im unteren Bildbereich setzt du nun kleine Tupfer in Zinnoberrot und Orange und nimmst eine farbliche Angleichung in Karminrot und Schwarz vor.

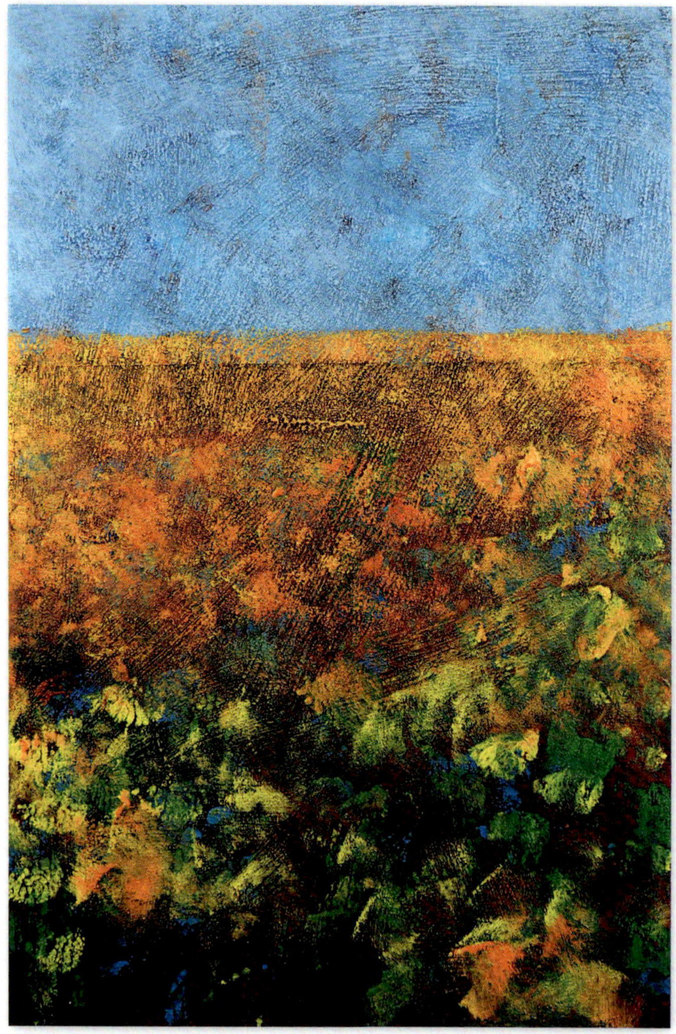

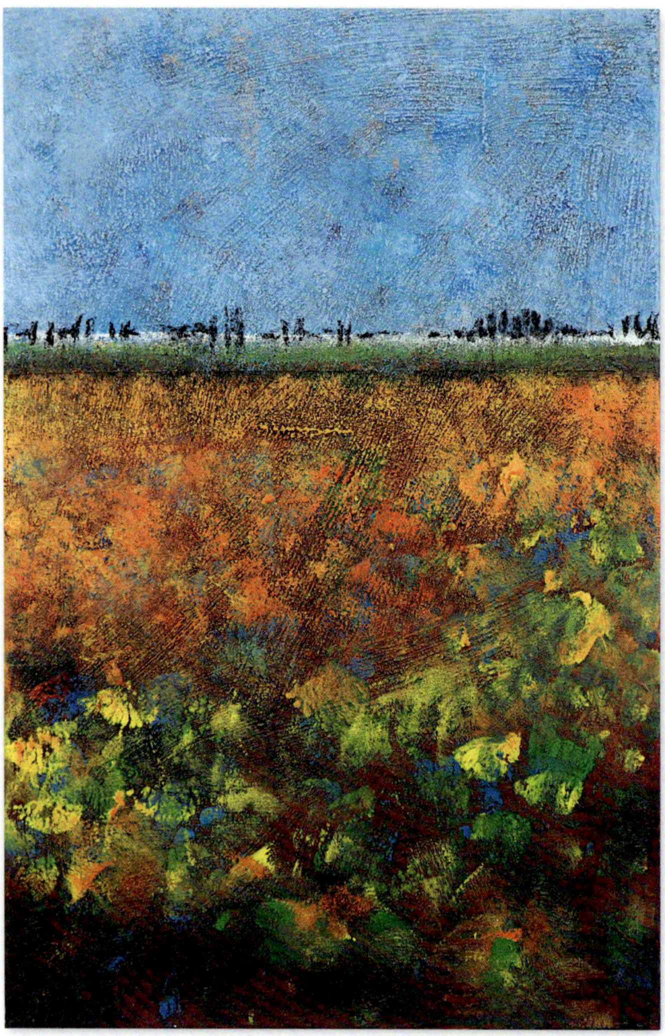

5. Schritt

Das entlang der Horizontlinie eingebrachte Permanentgrün hell sorgt für farbliche Harmonie, da das Auge nun den im unteren Teil bereits vorhandenen Ton wiederfindet.
Setze darunter eine kleine farbliche Abstufung in Schwarz und füge nach oben eine weitere Linie in Elfenbein ein. Benetze dazu die scharfe Kante des Schwammes mit etwas Farbe und drücke sie vorsichtig in die Leinwand.
Füge nach dem Trocknen über der Horizontlinie eine Kohlezeichnung mit unterschiedlichen Höhenstufen ein.

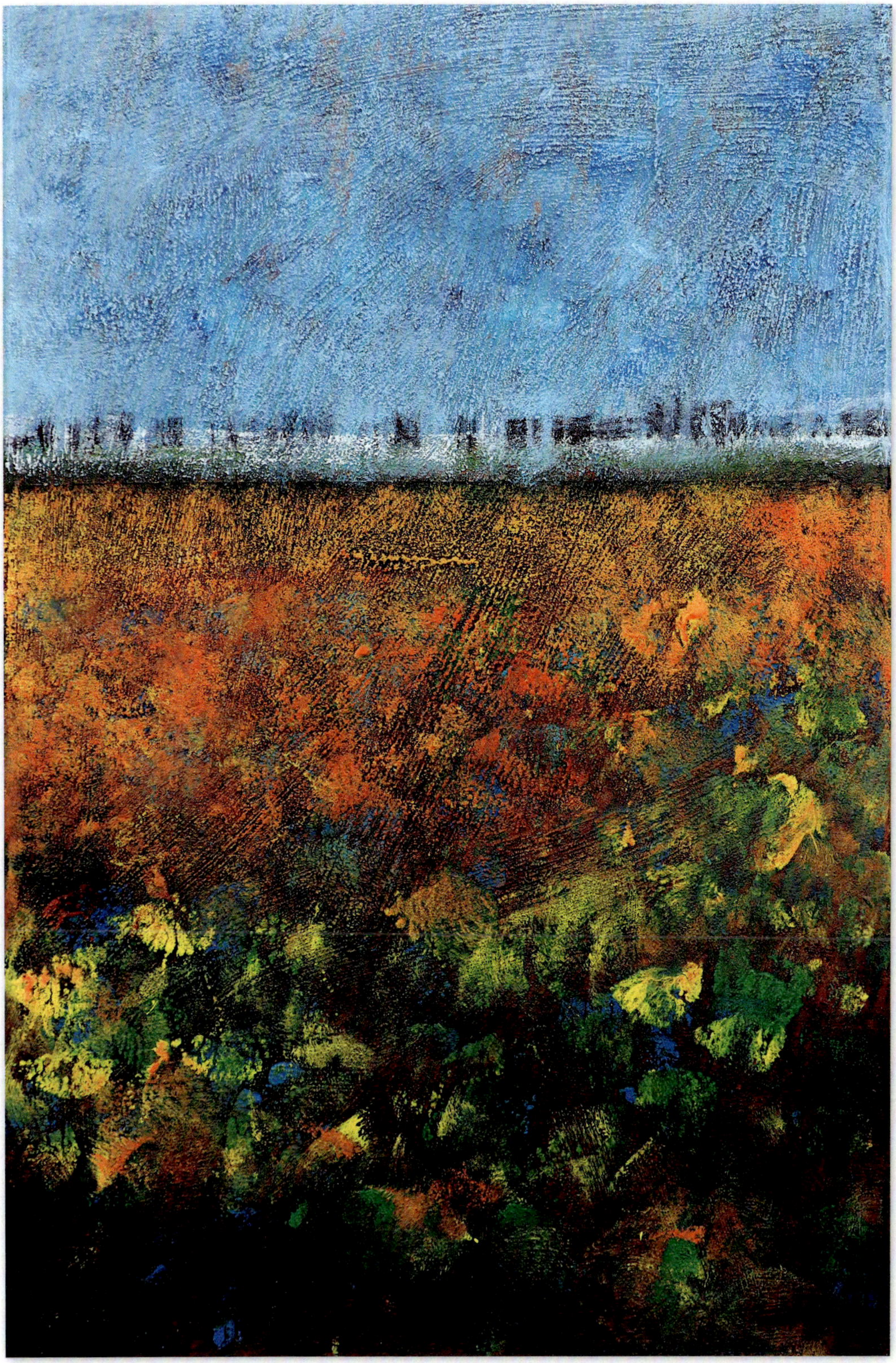

Fertiges Bild

Entferne die Kohlezeichnung mit Wasser wieder, da sie nur zur Probe diente. Durch dieses Vorgehen konntest du feststellen, dass kleine aufrechte Linien das Bild positiv beeinflussen würden. Daher werden diese nun ähnlich zur ersten Anlage mit den Borstenenden des kleineren Pinsels eingefügt. Arbeite nach dem Trocknen die helle Linie in eine Fläche um, indem du in trockenem Auftrag sehr wenig Elfenbein auf die erhabenen Strukturen setzt. Auch die Zwischenräume der schwarzen Striche erhalten kleine Akzente in Elfenbein.

Tipp: Durch den klebenden Anteil des Kunstharzbinders kann die Konsistenz von Acrylfarbe verändert werden, indem ihr Füllstoffe zugefügt werden. Alternativen zu dem hier verwendeten Quarzsand sind der feinkörnigere Silbersand, Vogelsand oder Strandsand. Vogelsand enthält oft Bruchstücke von Muschelschalen, welche die Verarbeitung aber nicht behindern. Das Mitnehmen von Sand ist an deutschen Stränden für den privaten Gebrauch erlaubt, allerdings in anderen Ländern – wie z.B. Italien – mit Sanktionen belegt.

Weite

Du brauchst:

- Leinwand, 30 × 30 cm
- Acrylfarben in Grüne Erde, Preußischblau, Aquamarin, Titanweiß, Schwarz
- Universalpinsel, 2 cm
- feiner spitzer Pinsel, sehr dünn
- Leichtspachtelmasse glänzend
- Palette
- breiter Metallspachtel mit Griff, 16 cm
- Gummispachtel mit weicher Kante, 5 cm

Fertigspachtelmasse gibt es in verschiedenen Ausführungen. Allen gemeinsam ist, dass sie in der Verarbeitung immer die identischen Verhaltensweisen aufweisen und in der Regel keine Rissbildung zeigen.
Erst ab einer Schichtdicke von mehr als einem Zentimeter kommt es bei feiner, grober oder leichter Spachtelmasse zu Rissbildungen.
Sind Risse in der Oberflächenstruktur gewünscht gibt es allerdings auch eine sogenannte Krakelier-Paste, die dafür genutzt werden kann.
Wer sehr planvoll und kontrolliert arbeiten oder in die Materie der Spachtelmassen erst einsteigen möchte, dem seien Fertigspachtelmassen empfohlen.
Die hier verwendete Masse ist eine Leichtspachtelmasse, die glänzend auftrocknet.
Neben den oben aufgeführten Sorten gibt es auch noch Ausführungen mit verschiedenen Füllstoffen wie z.B. Quarzsand.
Es ist allerdings auch möglich, der jeweiligen Spachtelmasse Sand, Steinchen, Steinmehle etc. zuzufügen und die von Haus aus weiße Spachtelmasse mit Acrylfarbe einzufärben.
Eine transparente Spachtelmasse wird ebenfalls angeboten und eignet sich für die Einbettung von Collagematerial.

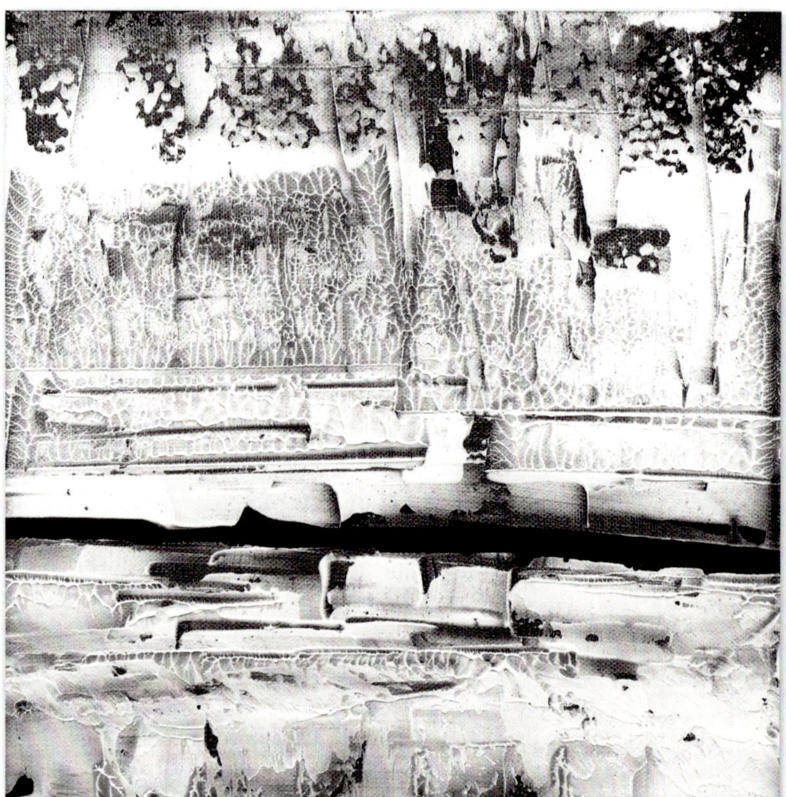

1. Schritt
Vermische zunächst Preußischblau und Grüne Erde mit dem Pinsel auf der Leinwand. Verteile nach dem Trocknen der Grundierung die Spachtelmasse mit dem breiten Spachtel. Dieser kann verschieden eingesetzt werden: flach oder aufrecht, ohne oder mit leichtem Druck, flächig oder lückenhaft. Drückt man die Metallfläche ganz in die Masse und hebt den Spachtel dann an, entsteht ein filigranes Muster.

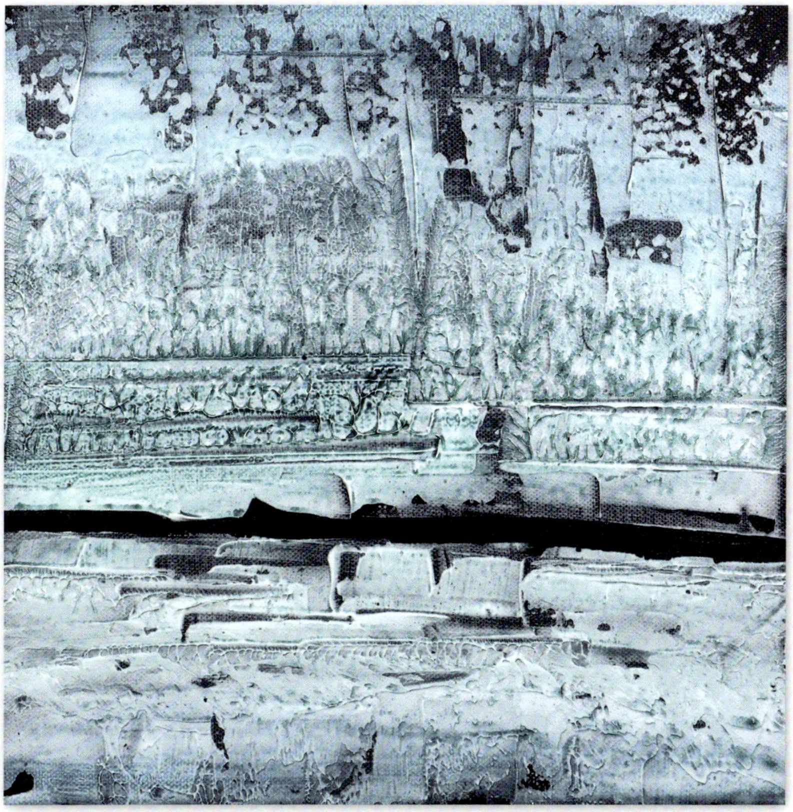

2. Schritt

Der dunkle Streifen im unteren Drittel der Bildfläche ergibt sich, wenn du einen Teil der Leinwand frei lässt.
So entsteht eine markante Horizontlinie. Weichere Strukturen erreichst du durch die Arbeit mit einem Gummispachtel.
Für die erste Farbgebung nach der Trocknung trägst du auf der liegenden Leinwand mit dem Pinsel oberhalb der Horizontlinie Lasuren in Preußischblau und Grüne Erde auf.
Eine Lasur ist eine transparente Farbschicht, die durch den Auftrag stark verdünnter Farbe entsteht.
Zur Verdünnung eignen sich spezielle Malmittel oder wie in diesem Beispiel Wasser.
Die richtige Bezeichnung wäre dann Lavur.
Im unteren Bereich wird diese Farbgebung durch Aquamarin ergänzt.
Lasse die Leinwand liegend trocknen.

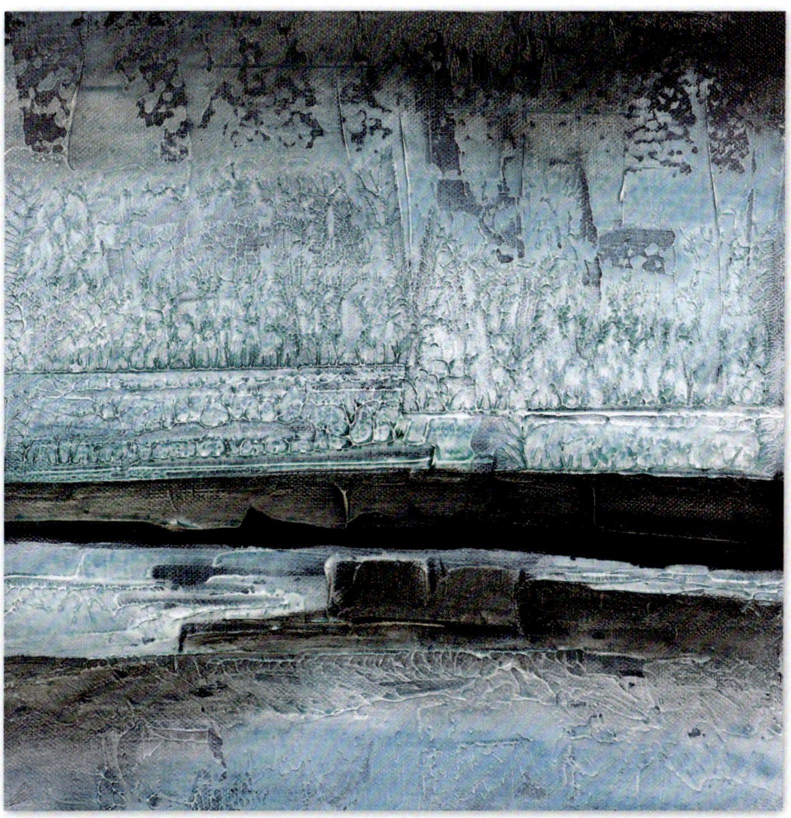

3. Schritt

Um den Hell-Dunkel-Kontrast zu steigern, werden nun helle und dunkle Farbtöne eingebracht. Dafür nimmst du mit dem nebelfeuchten Pinsel wenig weiße Farbe auf und überarbeitest die Farbflächen in flacher Pinselführung.
Für die Farbgebung des Bildes ist es wichtig, dass der bläuliche Farbton auf den erhabenen Strukturen erhalten bleibt.
Verwende für den dunklen Abschluss am oberen Bildrand eine Farbmischung aus Aquamarin und Schwarz.
Wenn du dieser Mischung etwas Weiß hinzufügst, erhältst du den dunklen Grauton, mit dem die Horizontlinie nach oben und unten vergrößert wird.
Auch für die Farbanlage der darunter befindlichen Elemente wird dieser Grauton in leichter Modulation nach hell eingesetzt.

4. Schritt

Der obere Teil des Bildes wirkt aufgrund der gut sichtbaren Struktur noch recht unruhig, sodass die Wirkung in diesem Schritt durch einen entsprechenden Farbauftrag etwas zurückgenommen werden kann.
Das gelingt, wenn du eine Mischung aus Aquamarin und etwas Weiß in unterschiedlichen Anteilen trocken aufträgst. Du kannst die Farben sowohl auf der Palette als auch auf der Leinwand mischen.
Der Bereich links der rechteckigen Elemente und darüber wird ebenfalls auf diese Weise aufgehellt. Eine Betonung der Elemente erreichst du mithilfe des feinen spitzen Pinsels und dunkler Farbe.
Die dunklen Elemente tragen zur räumlichen Tiefe bei.

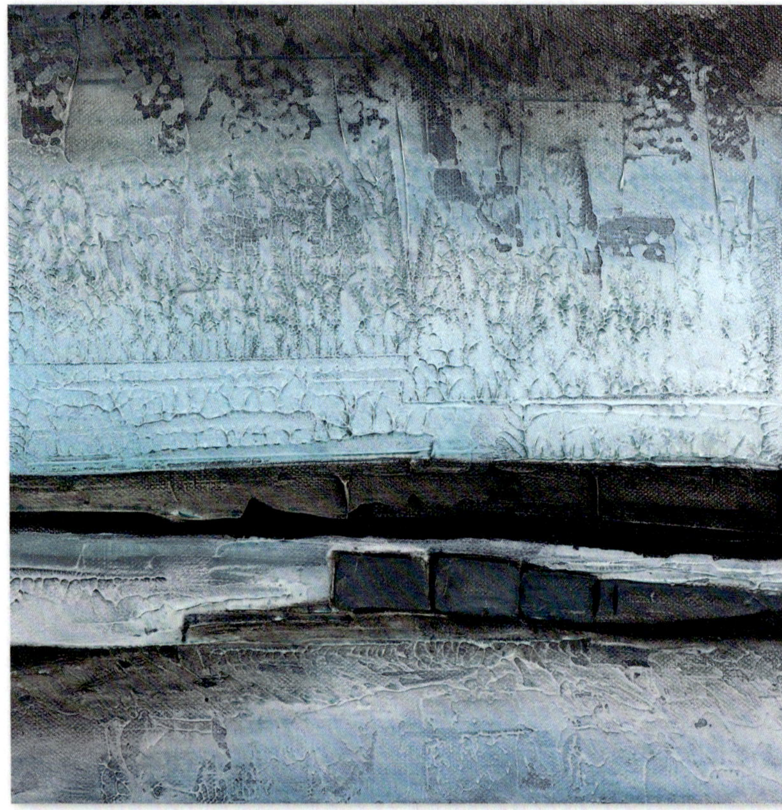

5. Schritt

Die dunklen Anteile wirken blockartig und unterteilen das Bild recht stark.
Eine Aufhellung des breiten dunklen Streifens mildert diesen Eindruck ab.
Arbeite wieder mit den bereits benutzten Farbtönen. Mische Schwarz und Aquamarin mit sehr wenig Weiß und arbeite die Mischung in leicht unterschiedlicher Zusammensetzung mit dem Pinsel trocken ein.
Dadurch bekommt der unregelmäßige schwarze Anteil innerhalb des Balkens mehr Präsenz und macht die Stelle interessanter.
Den Abschluss nach oben bildet eine feine weiße Linie, welche sich von links nach rechts immer weiter verjüngt.
Die sehr dunklen Anteile werden ebenfalls nachgearbeitet. Bringe dazu die ursprüngliche Mischung aus Preußischblau und Grüne Erde erneut ein.

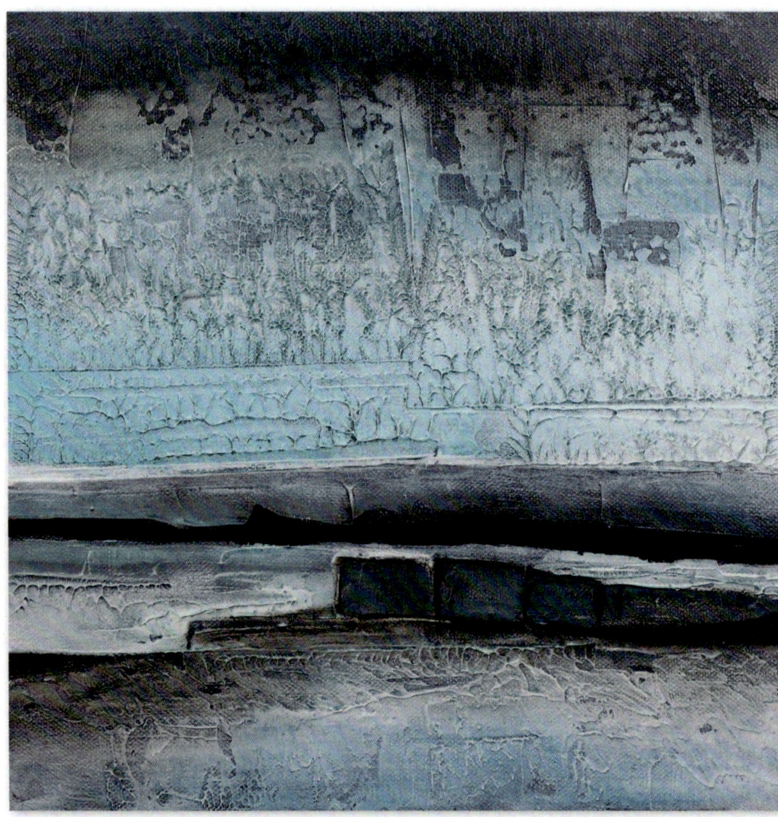

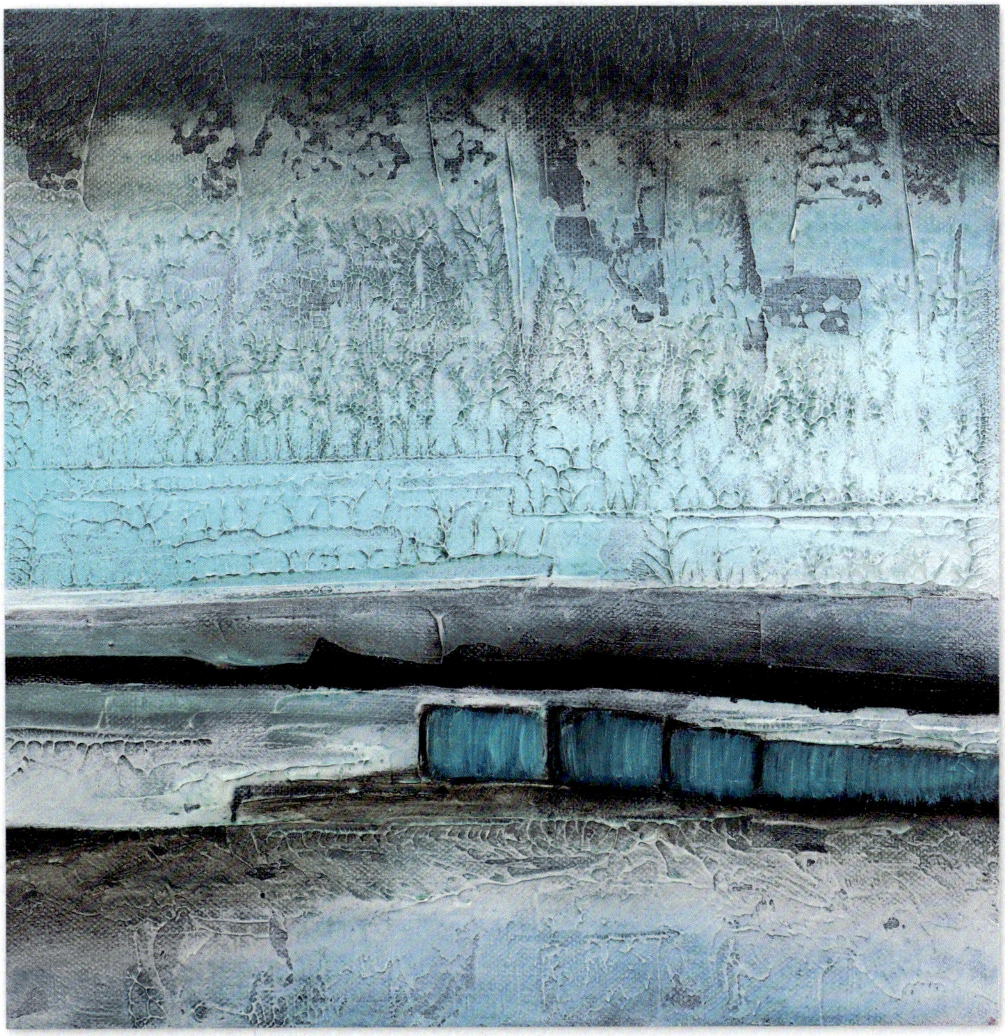

Fertiges Bild

Im letzten Schritt passt du den Farbton der Elemente im Bereich der Horizontlinie an. Setze feine gerade Striche nebeneinander und vermische sie auf diese Weise teilweise miteinander. Beginne dabei mit einer etwas dunkleren Mischung aus Aquamarin und Schwarz, die durch das Setzen von Aquamarin in Verbindung mit Weiß immer heller wird.
Die aufrechten Striche erzeugen eine gewisse Lebendigkeit und lenken den Blick auf sich. Wenn man sich das Ausgangsbild in Erinnerung ruft, kann man sich sicherlich vorstellen, dass auch jede andere Farbgebung möglich gewesen wäre.

Tipp: Benutzte Spachtel und Malmesser sollten direkt nach Gebrauch **gereinigt** werden. Hierzu wischt man die groben Verunreinigungen mit Küchenpapier ab und entfernt die Reste mit einem feuchten Lappen.
Wenn die Spachtelmasse erst einmal eingetrocknet ist, kann sie zwar meist noch mit heißem Wasser und einem Kratzschwamm entfernt werden. Allerdings muss man dann aufpassen, dass der Abfluss nicht verstopft.

Kreis-Lauf

Du brauchst:

- Leinwand, 30 × 30 cm
- Acrylfarben in Schwarz, Grüne Erde, Preußischblau, Aquamarin, Titanweiß, Blaugrau, Puderblau, Türkisblau hell
- Englische Naturkohle
- Marmormehl
- Kunstharz-Dispersionsbinder (= Binder)
- flache eckige Kunststoffschale
- Malerspachtel
- Föhn oder Heißluftföhn
- Universalpinsel, 2 cm
- Katzenzungenpinsel, 0,8 cm
- feiner spitzer Pinsel
- Pastellfixativ
- Sprühflasche mit Wasser

Selbst hergestellte Spachtelmasse besteht im Prinzip aus einem Bindemittel und einem Füllstoff. Das hier verwendete Bindemittel (kurz Binder) ist ein Kunstharz-Dispersionsbinder, der auch in der Herstellung von Acrylfarben Verwendung findet. Er ist im Auftrag milchig, trocknet aber klar auf.
In diesem Beispiel wird mit Marmormehl gearbeitet, das je nach Auftrag und Hitzeeinwirkung eine Rissbildung aufweist, die erwünscht, aber nur bedingt planbar ist. Die starke Hitzeeinwirkung eines Heißluftföhns fördert die Rissbildung.
Als Füllstoffe können auch andere Steinmehle und Kreiden dienen.
Sie unterscheiden sich in ihrer Farbgebung (siehe auch Tipp) und Neigung zur Rissbildung. Dies kannst du bei der Gestaltung deines Bildes mit einbeziehen.
Das im Beispiel verwendete Marmormehl ist weiß und hat eine gute Rissneigung.
Im Gegensatz zur Fertigspachtelmasse ist selbst angemischte Masse offenporiger und eignet sich nach ihrer Trocknung besonders gut, um mit Lasuren oder trockenem Farbauftrag bearbeitet und gestaltet zu werden.

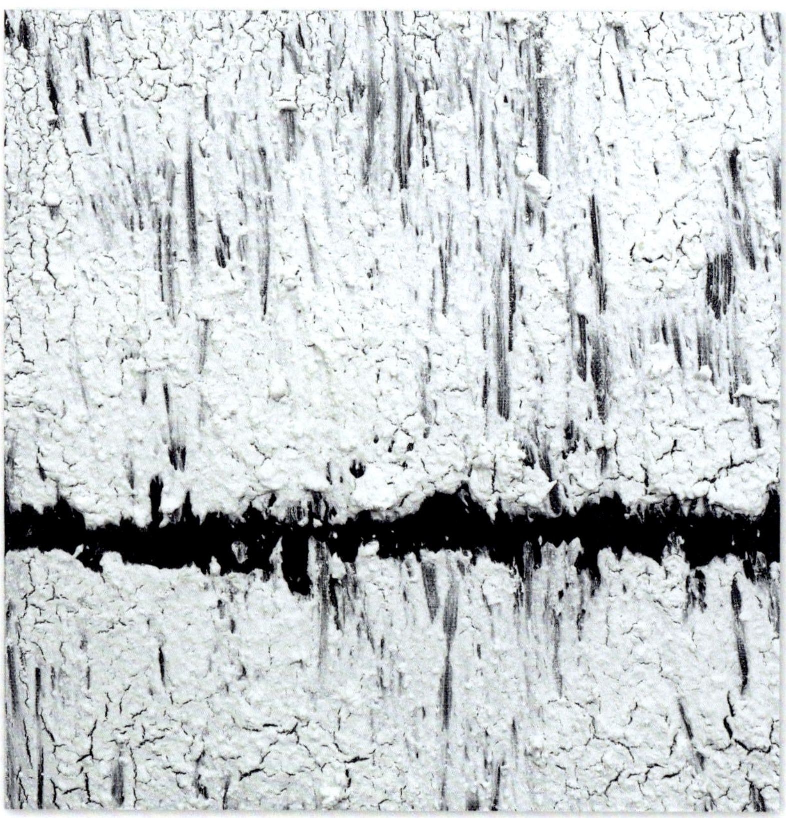

1. Schritt
Grundiere zunächst die Leinwand mit Grüne Erde und Preußischblau. Dann verrühre je fünf Esslöffel Marmormehl und Binder sowie zwei bis drei Esslöffel Wasser mit dem Malerspachtel zu einer homogenen Masse. Verteile diese mit dem Spachtel im flachen Winkel auf der Leinwand so nach oben und unten, dass eine freie Linie im unteren Drittel erhalten bleibt.
Nach dem Auftrag föhnen und gut austrocknen lassen.

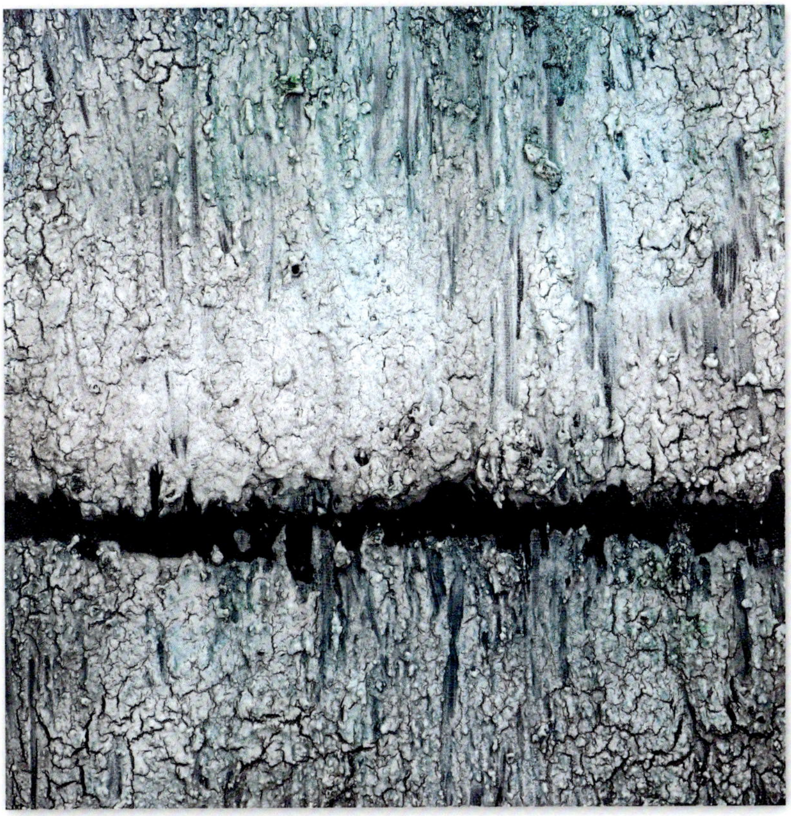

2. Schritt

Lege nun eine schwarze Lasur über die gesamte Fläche. Mit Wasser aus der Sprühflasche kannst du die Stärke der Abdeckung regulieren.
Bringe für diese Arbeitsgänge die Leinwand in eine aufrechte Position.
Das aufgesprühte Wasser läuft nach unten, verteilt sich gut in den Poren und bleibt nicht in den Vertiefungen stehen.
Nach der Trocknung stellst du aus Aquamarin und Wasser eine Lasur her und trägst diese ebenfalls mit dem Pinsel am oberen Bildrand auf. Nach unten anschließend folgen immer hellere Mischungen aus Aquamarin und Weiß.
Trage dann unterhalb der schwarzen Horizontlinie eine lasierende Farbschicht aus Aquamarin und Schwarz auf.
Helle diese im weiteren Verlauf nach unten hin durch die Hinzugabe von Weiß immer mehr auf.

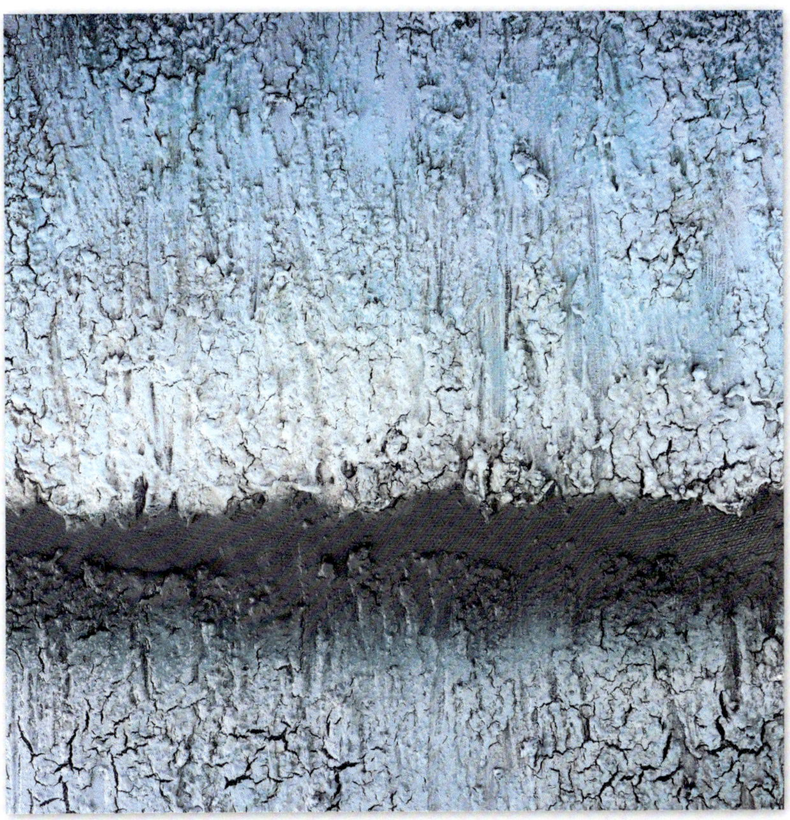

3. Schritt

Im nächsten Schritt übst du dich mit unterschiedlicher Pinselhaltung in der Bearbeitung der Höhungen und Tiefen der Struktur.
Nach dem Trocknen erfolgt eine neue Farbgebung durch den trockenen Auftrag von Blaugrau.
Bei aufrechter Haltung des Pinsels wird die tiefer liegende Schicht mit Farbe benetzt.
Bei flacher Pinselführung erreichst du lediglich die erhabenen Strukturen.
Puderblau und Türkisblau hell ggf. ergänzt durch Weiß bilden nach unten einen sanften, immer heller werdenden Farbverlauf.
Vergrößere den Bereich der dunklen Linie mit einer Mischung aus Blaugrau, Grüne Erde und Schwarz.
Gestalte anschließend die darunter liegende Fläche in Blaugrau und Puderblau, sodass ein Pendant zum oberen Bildbereich entsteht.

4. Schritt

Vielleicht hat sich dein Bild ganz anders entwickelt als dieses Beispiel, denn die Strukturen können nicht identisch sein und auch die Ausarbeitung fällt immer leicht unterschiedlich aus. Sollte bei deinem Werk aber auch die neu geschaffene dunkle Fläche zu dominant wirken, so solltest du sie „brechen". Ziehe z.B. Linien in Türkisblau hell.

In der dunkelgrauen Fläche bilden sie Kreise, während sie im hellen Bereich als Striche den vorgegebenen Strukturen folgen.

Falls die Deckkraft der Farbe nicht ausreichend ist, kannst du den Vorgang wiederholen oder ein wenig Weiß hinzugeben.

Die entstehenden dunklen Punkte sollten sich in Lage, Form und Größe unterscheiden.

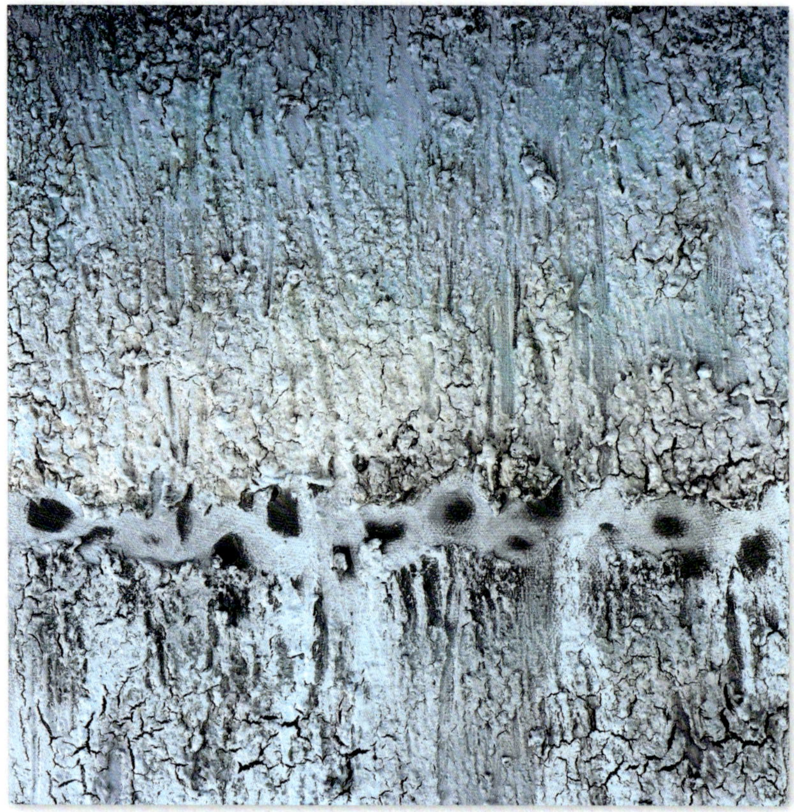

5. Schritt

In dieser Phase kann man gut erkennen, dass du bei der Gestaltung deines Werkes stets das dynamische Gleichgewicht im Blick behalten solltest.

Zur Erhöhung der Spannung ist es in dem Beispiel nötig, den eben veränderten Bereich mehr zu betonen, indem die Rundungen erneut bearbeitet werden.

Ziehe mit dem feinen spitzen Pinsel Linien, die sich an den Punkten orientieren.

Anschließend wird der innere Bereich farblich nuanciert. Drei gerade Striche bilden einen Kontrast zu den runden Formen.

Ein größeres Element soll nun zu einem eindeutigen Fokus führen. Zeichne dazu mithilfe einer Schale einen runden Kreis mit Kohle.

Der Einsatz von Kohle lässt eine Korrektur zu, da sie ohne Schwierigkeiten mit Wasser entfernt werden kann.

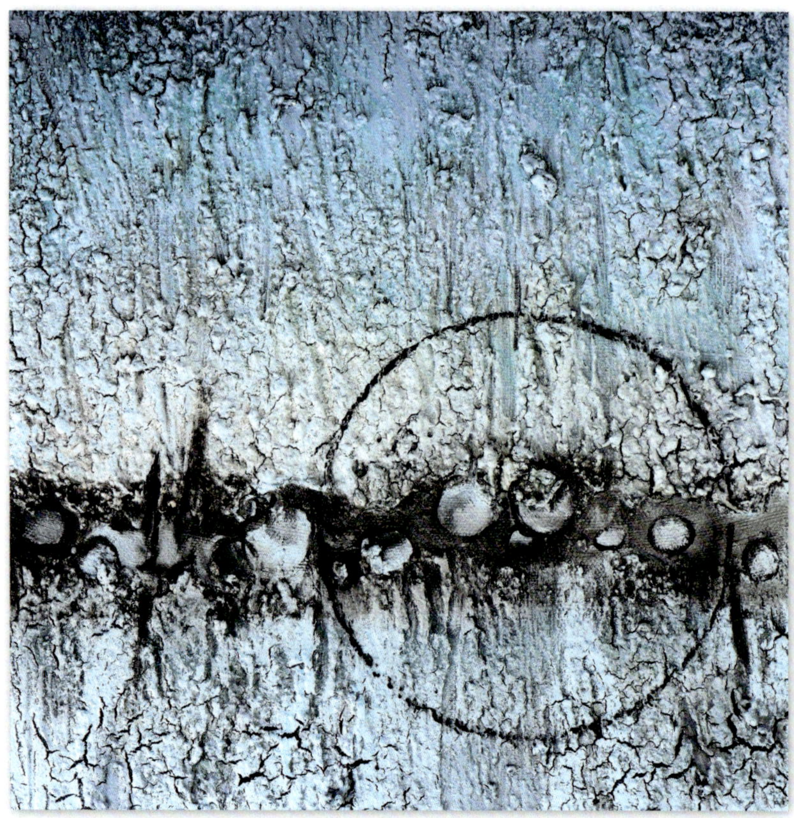

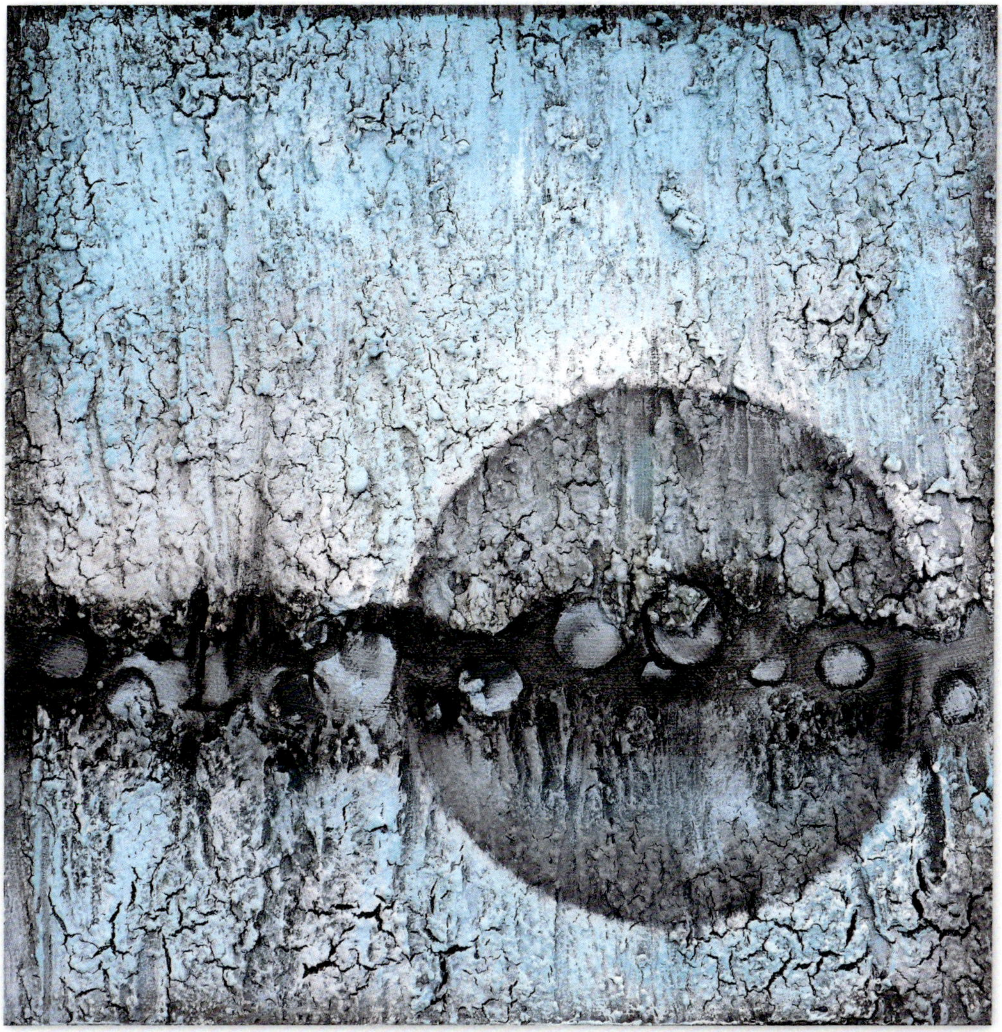

Fertiges Bild

Gestalte das Innere des Kreises mit Aquamarin, Weiß und Schwarz. Arbeite dabei die Kohle mit ein, sodass sie fixiert ist.
Außerhalb des Kreises erfolgt eine Aufhellung in trockenem Auftrag in Weiß. Wiederhole dies mehrfach, bis die gewünschte Strahlkraft erreicht ist.
Setze am Außenrand noch etwas Kohle und verwische sie leicht mit den Fingern nach innen, sodass das Bild eine Begrenzung erfährt. Diese Kohleanteile müssen mit Pastellfixativ besprüht werden.

Tipp: Das hier verwendete Marmormehl ist reinweiß. Urgesteinsmehl hat eine grau-grüne Anfärbung, welche je nach Hersteller variiert. Es wird mit dem Binder zu einer Masse vermengt, deren Konsistenz von weich bis sehr kompakt reichen kann und keine Rissbildung aufweist. Dieses Steinmehl ist im Baumarkt oder Gartencenter erhältlich.
Eine sehr dunkle Spachtelmasse erhält man aus getrocknetem Kaffeesatz und Binder. Der Kaffeesatz muss offen gelagert werden, da er sonst schimmelt.

Grenzerfahrung

Du brauchst:

- Leinwand, 30 × 40 cm
- Acrylfarben in Zinnoberrot, Cyan, Echtgelb, Permanentgrün hell, Vandyckbraun, Paynesgrau, Indischgelb, Himmelblau, Elfenbein
- Pastellkreiden in Orange, Dunkelrot
- Universalpinsel, 2,4 cm
- Englische Zeichenkohle
- Marmormehl
- Kunstharz-Dispersionsbinder
- flache eckige Kunststoffschale
- Malerspachtel
- Metallspachtel mit Griff, 16 cm breit
- Föhn oder Haushaltsföhn
- Schaumstoffrolle mit geradem Rand
- flache Palette
- Schablonen, selbst hergestellt
- Pastellfixativ
- Sprühflasche mit Wasser
- Küchenpapier

Ausgangspunkt dieser Arbeit ist eine recht farbige Untermalung. Alternativ kann man sehr gut auch aufgegebene Werke nutzen und sie so einer neuen Verwendung zuführen. Wenn du beim Kauf von bespannten Keilrahmen auf Qualität achtest, kannst du deine Leinwände vielfach überarbeiten.
Sehr preiswerte Leinwände mit dünnen Holzrahmen verziehen sich schnell und der Ärger über gelungene Bilder auf schiefem Grund ist groß.
Als Einstieg in die Arbeit mit selbst hergestellten Spachtelmassen ist das Beispiel gut geeignet, da der Auftrag der Marmormehlmasse dünner ausfällt als im Beispiel „Kreis-Lauf" und sich die weitere Ausarbeitung leichter gestaltet. Diese ist geprägt durch eine einfache Formensprache.
Vielen wird auch die Farbanlage mittels Schaumstoffrolle besser liegen als die Feinarbeit mit dem Pinsel.

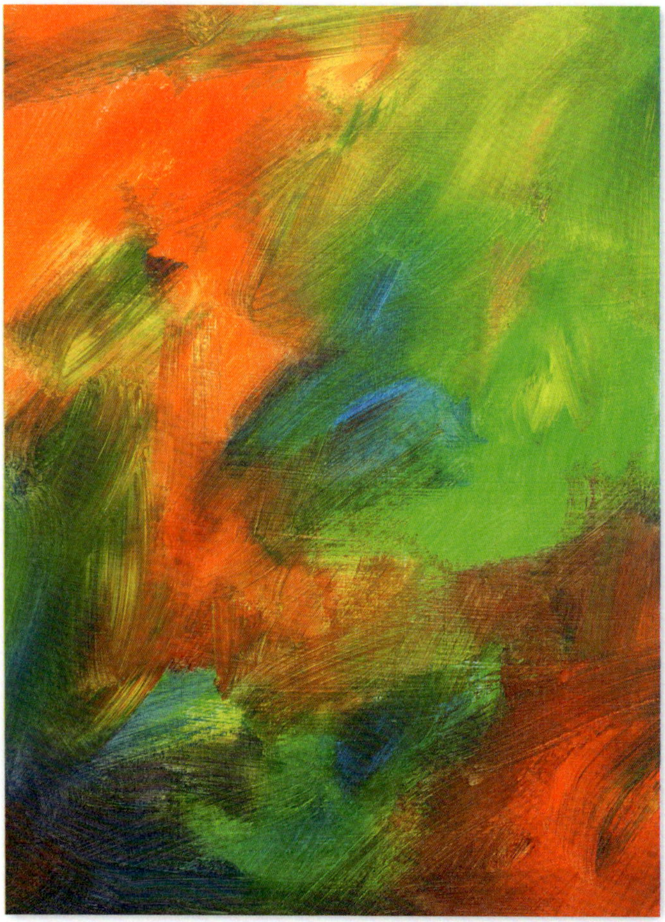

1. Schritt
Gestalte zunächst mit lockeren Pinselstrichen eine lebendige Grundierung. Die Farbauswahl aus Zinnoberrot, Cyan, Echtgelb und Permanentgrün hell ist eine Wiederverwendung von Farbresten aus der Arbeit an einem anderen Werk. Du kannst also auch andere Farben verwenden.
Achte beim Farbauftrag darauf, dass sowohl reine Farben erhalten bleiben als auch Mischfarben entstehen. Die Vermischung erfolgt auf der Leinwand. Wenn du eine bereits bemalte Leinwand verwendest, sollte sie eine kräftige Farbgebung haben und keine strukturgebenden Mittel enthalten.

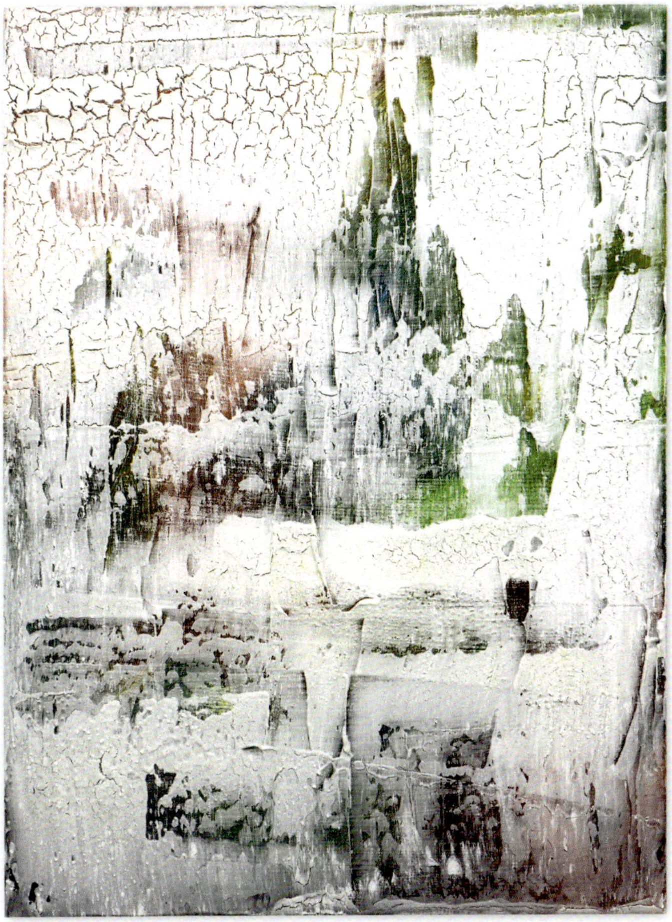

2. Schritt

Verrühre für die Spachtelmasse in einer Schale je fünf Esslöffel Marmormehl und Binder sowie zwei bis drei Esslöffel Wasser mit dem Malerspachtel so lange, bis eine homogene Masse entsteht.
Die Anteile kannst du nach Belieben verändern, denn sie dienen nur als ungefähre Orientierung.
Gib diese mit dem Malerspachtel portionsweise auf die Leinwand und verteile sie mit dem breiten Spachtel unterschiedlich dick.
Dies kannst du über den Anstellwinkel des Spachtels und durch unterschiedlichen Druck regulieren.
Durch einen dünnen Auftrag an verschiedenen Stellen bleibt die darunter liegende Farbschicht gut sichtbar.
Wenn die gesamte Oberfläche bedeckt ist, trockne das Bild mit dem Heißluftföhn.

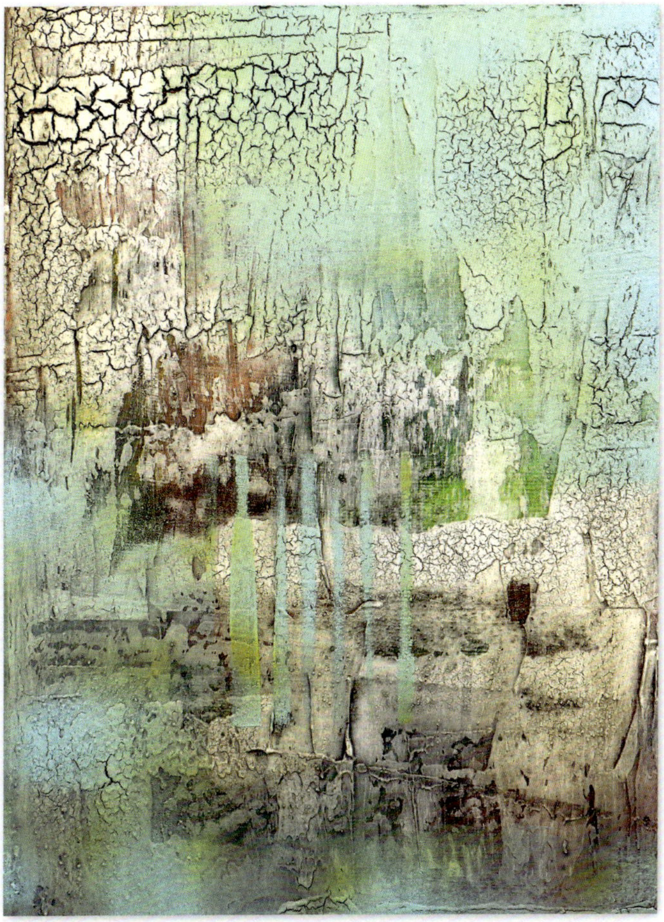

3. Schritt

Überziehe die gut durchgetrocknete Spachtelmasse nun mit Lasuren aus Paynesgrau und Vandyckbraun.
Dafür bringst du die Leinwand in eine aufrechte Position, damit du den feuchten Farbauftrag ggf. durch Wasser aus der Sprühflasche regulieren kannst.
Die Anlage der Lasuren erfolgt sowohl nebeneinander als auch überlappend.
Achte darauf, dass sich keine Wasserränder bilden.
Die Leinwand muss gut trocknen, bevor du weiterarbeitest.
Mische anschließend Indischgelb und Himmelblau mit der trockenen Schaumstoffrolle auf der Palette zu einem zarten Mint und trage die Farbe mit leichtem Druck auf.
Die senkrechten Striche unterhalb entstehen mit derselben Farbmischung durch den Abdruck einer selbst hergestellten Schablone, wie sie auch auf Seite 14 abgebildet ist.

4. Schritt

Setze die Schablone erneut ein, helle diesmal aber die Mischung aus Indischgelb und Himmelblau mit Elfenbein auf. Auf diese Weise modulierst du die Farbe ins Helle und schaffst einen Kontrast, der die Spannung erhöht, sich aber gut ins Bild integriert.
Gestalte mit diesem grünen Pastellton mit der Schaumstoffrolle neue Farbfelder.
Diese entstehen, indem du Lücken bildest, in denen die untere Farbschicht sichtbar ist.
Denke daran, dass der Schaumstoff trocken sein soll. Sollte er von einer Reinigung noch feucht sein, drücke ihn so lange in Küchenpapier aus, bis er nur noch eine minimale Restfeuchte hat.
Die klaren Abgrenzungen der Flächen entstehen, indem du die Schaumstoffrolle leicht kanntest und mit dem geraden Rand malst.

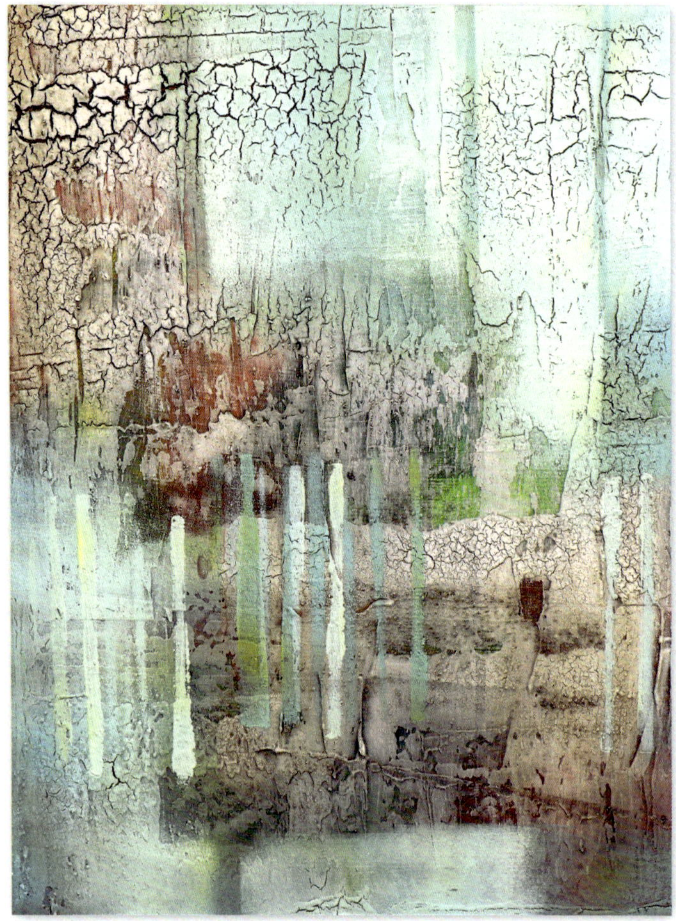

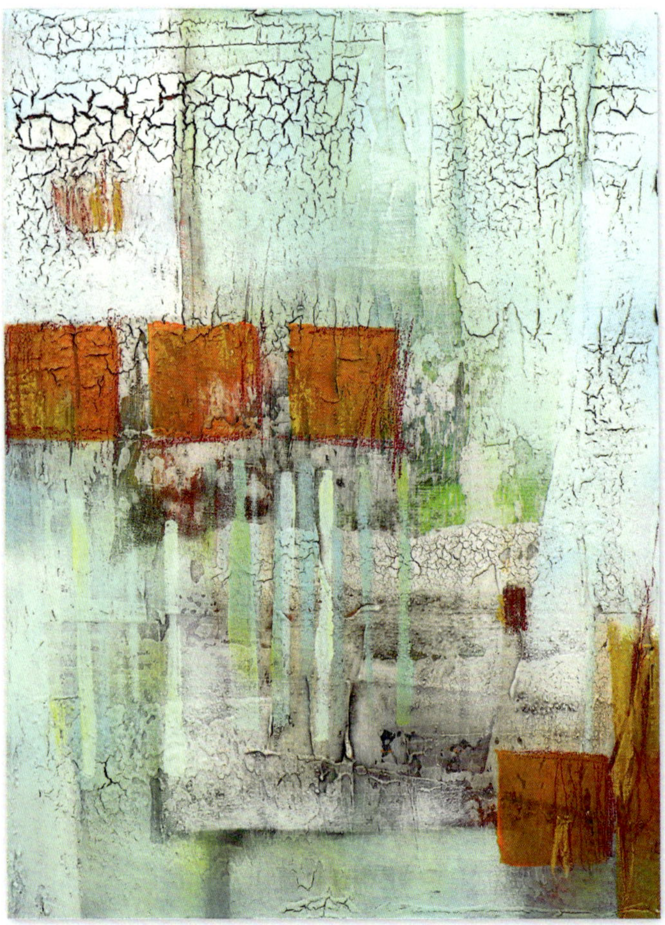

5. Schritt

Wenn aufgrund der Spachtelmasse sehr viel Strukturen und Risse entstanden sind, rate ich immer zu einer insgesamt eher ruhigen Farbgebung.
Daher werden auch die verbliebenen bräunlichen Felder unterschiedlich stark mit Mint überarbeitet, sodass eine monochrome Farbfläche entsteht.
Da von der Grundierung immer noch rot-orangefarbene Stellen durchscheinen, greife diesen Farbton wieder auf. Eine ebenfalls selbst kreierte Schablone mit Quadraten dient in diesem Fall der Formgebung.
Füge drei Quadrate als Reihung im oberen Bilddrittel ein und setze als Ausgleich ein Quadrat nach unten rechts. Kleine Kreidestriche in Orange verstärken das kleine Feld in der oberen linken Ecke. Setze mit dunkelroter Kreide weitere Akzente.

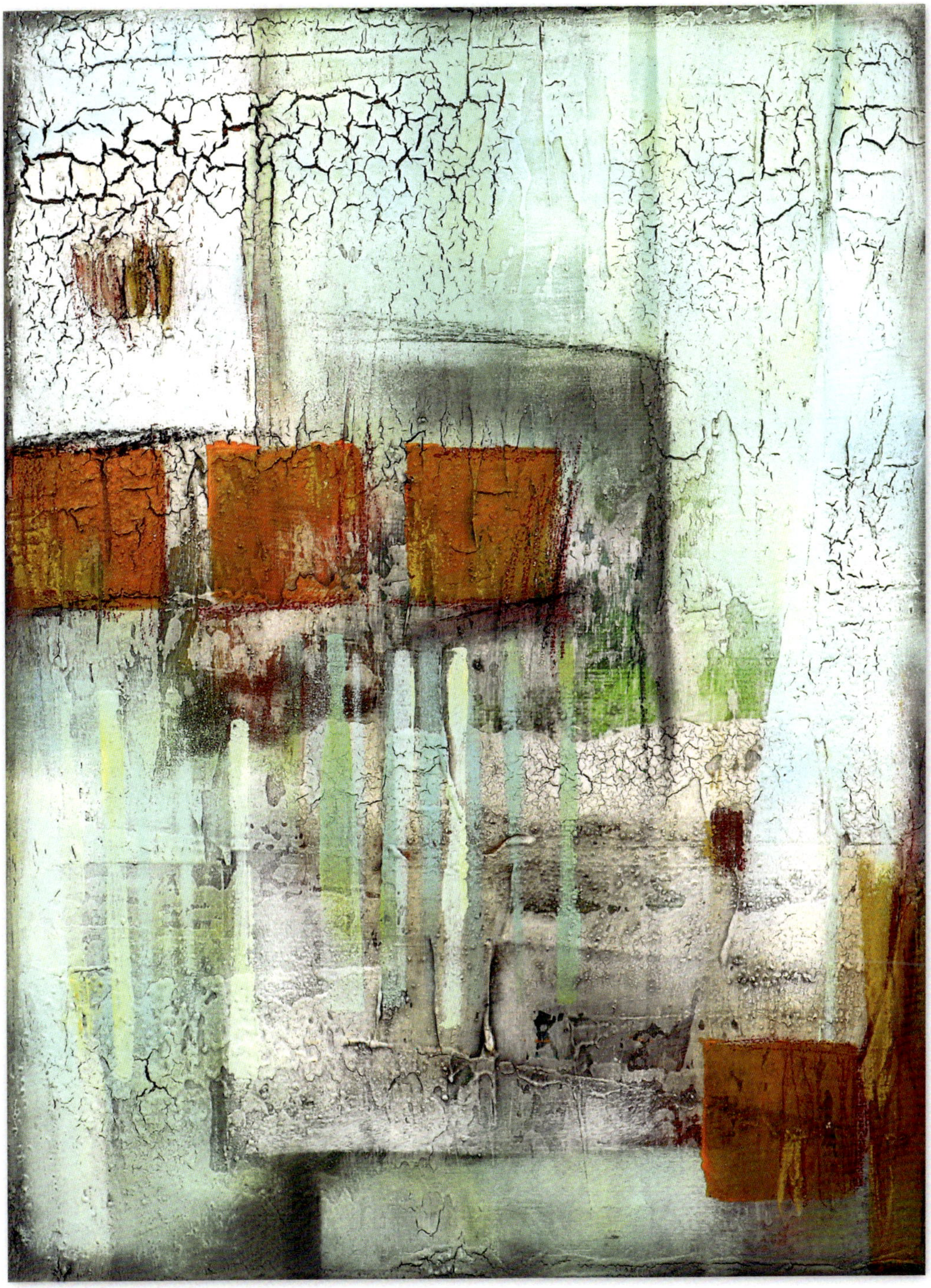

Fertiges Bild

Auch bei dieser Arbeit findet die Englische Zeichenkohle wieder Verwendung. Unterstütze damit an verschiedenen Stellen die Formgebung mit kleinen und großen Strichen. An anderer Stelle trägst du Kohle auf und verreibst sie mit den Fingern, sodass sich graue Flächen bilden. Am Rand des Bildes wird ebenfalls etwas Kohle angelegt und dann nach innen gerieben. Da hier Pastellkreiden und Kohle benutzt wurden, muss eine Fixierung vorgenommen werden.

Tipp: Pastellkreiden bleiben auf rauem Untergrund haften und werden hier als Akzentmittel eingesetzt. Sie bestehen aus in Form gepressten Pigmenten mit Bindemittel. Sie sind in weich (soft), mittelhart und hart sowie in eckiger oder runder Form erhältlich. Harte, eckige Kreiden eignen sich gut für feine Linien, weiche, buttrige Qualitäten mit hochwertigen Pigmenten für farbige Highlights und Flächengestaltungen.

Nachwort

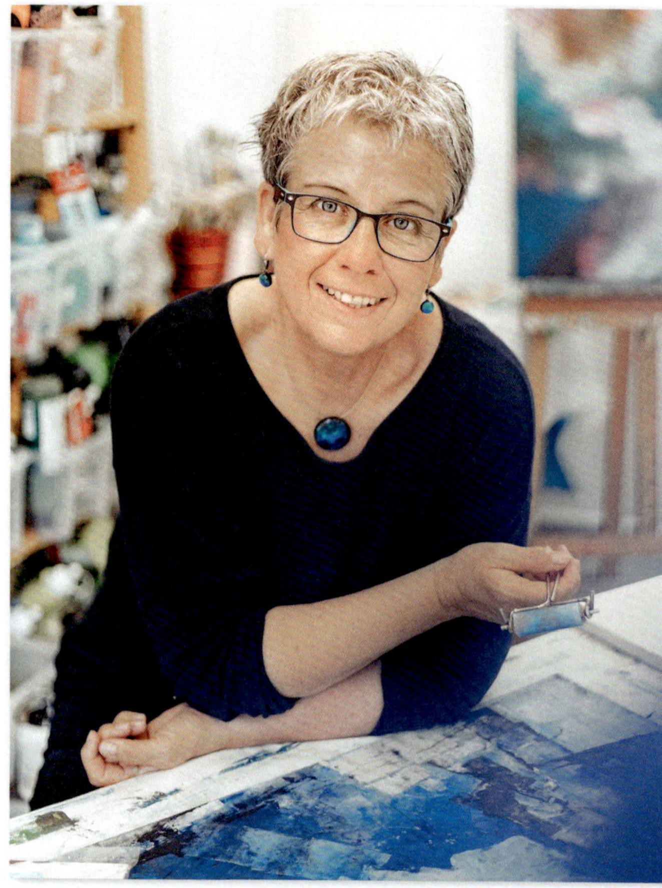

Meine persönliche Herangehensweise an ein Bild ist eine Balance aus Intuition und Planung. Folge ich ausschließlich der Intuition, kann sich die Bildgestaltung recht langwierig gestalten, wenn ich mit den spontanen Ergebnissen nicht zufrieden bin. Bringe ich aber mein Wissen um Kontraste, Komposition, Farbenlehre und Materialkunde ein, handle ich bei der Entwicklung des Bildes bewusst und planvoll. Dabei fixiere ich mich aber dennoch nicht auf bestimmte Regeln, sondern orientiere mich an fachtheoretischen Grundlagen, die mich meinem Ziel näherbringen könnten. In meinen Kursen vermittle ich diese Arbeitsweise und gebe meine Erfahrungen in der Acrylmalerei an meine Teilnehmer/innen weiter. Gleichzeitig profitiere ich aber auch von den Malergebnissen meiner Kursteilnehmer/innen. Den gemeinsamen Austausch über die Bildidee und die Begleitung der individuellen Malprozesse erlebe ich als inspirierendes Wechselspiel, aus dem ich auch für meine eigene Arbeit immer wieder neue Ideen entwickeln kann. Es würde mich freuen, wenn dir das Buch als Inspirationsquelle dient und du aus den Anleitungen neue Kenntnisse ziehst, welche dich in deiner Kreativität unterstützen. Malen macht einfach Spaß! Wenn du keine Erwartungen an dich und das Bild stellst und im Vertrauen auf Intuition und erworbene Erfahrungen locker in den Entstehungsprozess eintauchst, wirst du mit ausdrucksstarken Werken beschenkt werden, die deine unverwechselbare Handschrift tragen.

Danke

Schon lange hegte ich den Wunsch, Schwerpunkte meiner Unterrichtsinhalte zu verschriftlichen und Malinteressierten zur Verfügung zu stellen. Daher geht ein besonderer Dank an den Christophorus-Verlag und die Firma ZweiKonzept, die mir die Realisierung des Buches ermöglicht haben. Besonders bedanken möchte ich mich bei Angelika Müller-Heisrath für das erste Korrekturlesen des Manuskriptes und die Prüfung auf Anwendbarkeit.
Ganz herzlich möchte ich mich bei meinem Mann bedanken, der mir mit großer Geduld und liebevoller Fürsorge während des gesamten Arbeitsprozesses den „Rücken freigehalten" hat. Wie immer konnte ich mich auf seine Unterstützung verlassen und dadurch der Umsetzung meiner Kreativität und künstlerischen Schaffenskraft den nötigen Raum geben.

Kurzvita

Andrea Rathert-Schützdeller hat ihren Arbeits- und Lebensmittelpunkt in Essen. Nach einer fünfjährigen künstlerischen Ausbildung mit nachfolgenden Weiterbildungen an verschiedenen Akademien wagte sie den Schritt in die Selbstständigkeit als freischaffende Künstlerin. Seit 2007 präsentiert sie ihre abstrakten Acrylarbeiten weltweit in Ausstellungen oder auf Kunstmessen und ist Mitglied in verschiedenen Kunstvereinen.
Ihr Atelier „AndreARS" wird als Werkstatt, Galerie und Unterrichtsraum genutzt. Dort finden Abendkurse, Wochenendworkshops und Ausstellungen statt.
Mit ihrem kreativen Potenzial unterstützt sie regelmäßig diverse Projekte in Kooperationen mit freien Bildungsträgern, verschiedenen Firmen und Einrichtungen sowie einem Anbieter für Malreisen.

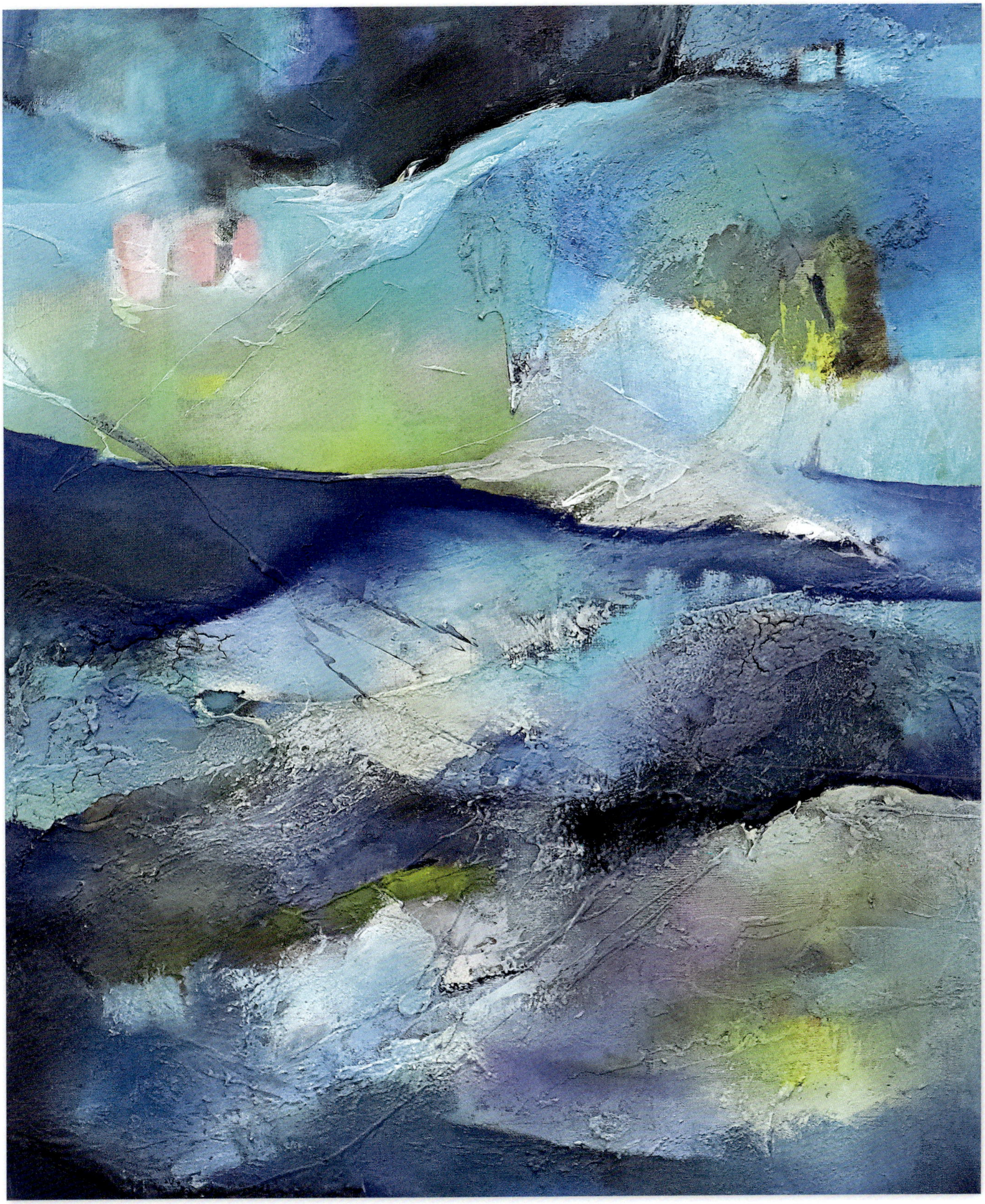

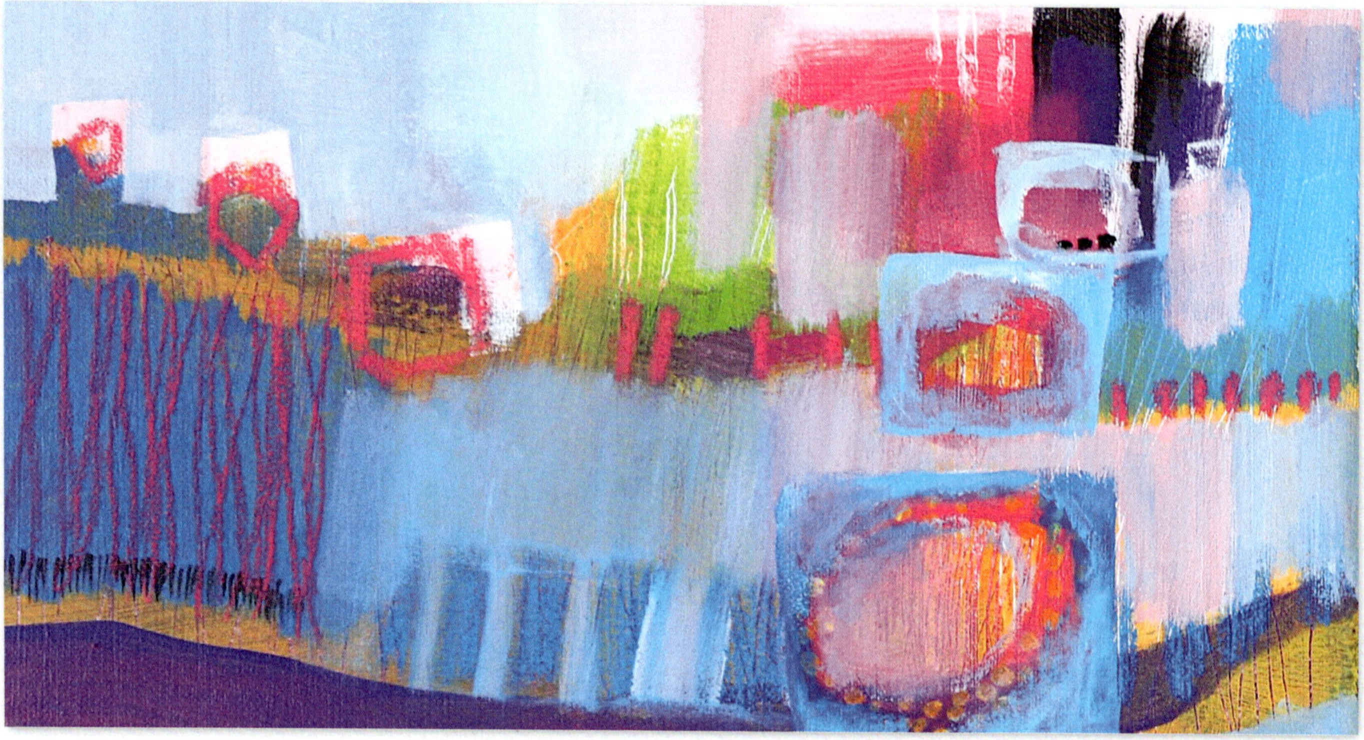

Impressum

Illustrationen und Fotos: Andrea Rathert-Schützdeller;
Fotos S. 7 und 10: © Shantan Kumarasamy;
S. 90: © Joana Rudziok von Traumklick
Verantwortlich: Maria Möllenkamp
Lektorat und Produktmanagement: ZweiKonzept GbR
Layout: Michael Feuerer
Umschlaggestaltung: Sophie Schillo
Repro: LUDWIG:media
Herstellung: Kathleen Baumann
Printed in Slovakia by Neografia

★★★★★

Sind Sie mit diesem Titel zufrieden? Dann würden wir uns über Ihre Weiterempfehlung freuen. Erzählen Sie es im Freundeskreis, berichten Sie Ihrem Buchhändler oder bewerten Sie bei Onlinekauf. Und wenn Sie Kritik, Korrekturen, Aktualisierungen haben, freuen wir uns über Ihre Nachricht an:
Christian Verlag, Postfach 40 02 09, D-80702 München
oder per E-Mail an lektorat@verlagshaus.de.

Unser komplettes Programm finden Sie unter

www.christophorus-verlag.de

Alle gezeigten Modelle, Illustrationen und Fotos sind urheberrechtlich geschützt. Eine gewerbliche Nutzung ist untersagt. Dies gilt auch für eine Vervielfältigung bzw. Verbreitung über elektronische Medien. Autorin und Verlag haben alle Angaben und Anleitungen mit größtmöglicher Sorgfalt zusammengestellt. Dennoch kann bei Fehlern keinerlei Haftung für direkte oder indirekte Folgen übernommen werden. Stoffe, Materialien und Modelle können von den jeweiligen Originalen abweichen. Die bildliche Darstellung ist unverbindlich. Sollte dieses Werk Links auf Webseiten Dritter enthalten, so machen wir uns die Inhalte nicht zu eigen und übernehmen für die Inhalte keine Haftung. In diesem Buch wird aus Gründen der besseren Lesbarkeit das generische Maskulinum verwendet. Weibliche und anderweitige Geschlechteridentitäten werden dabei ausdrücklich mitgemeint, soweit es für die Aussage erforderlich ist.

Die Deutsche Nationalbibliothek verzeichnet diese Publikation in der Deutschen Nationalbibliografie; detaillierte bibliografische Daten sind im Internet über http://dnb.d-nb.de abrufbar.

© 2021 Christophorus Verlag in der Christian Verlag GmbH
Infanteriestraße 11a, 80797 München

ISBN: 978-3-86230-429-5

Ebenfalls erhältlich ...

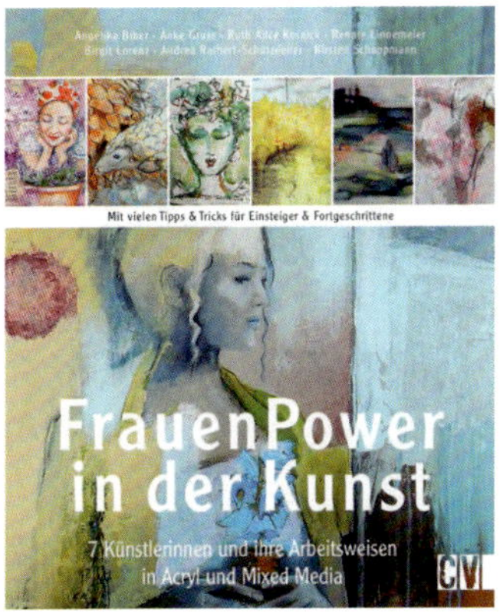

ISBN 978-3-86230-425-7

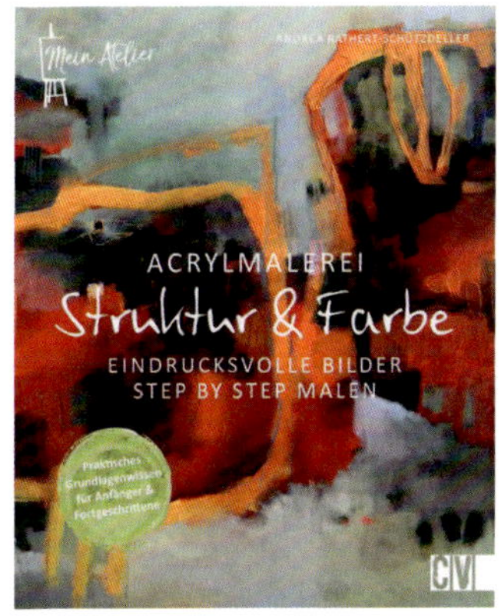

ISBN 978-3-86230-429-5

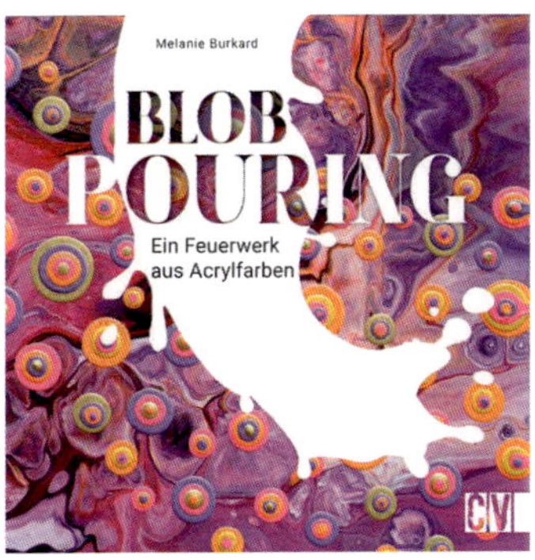

ISBN 978-3-86230-422-6

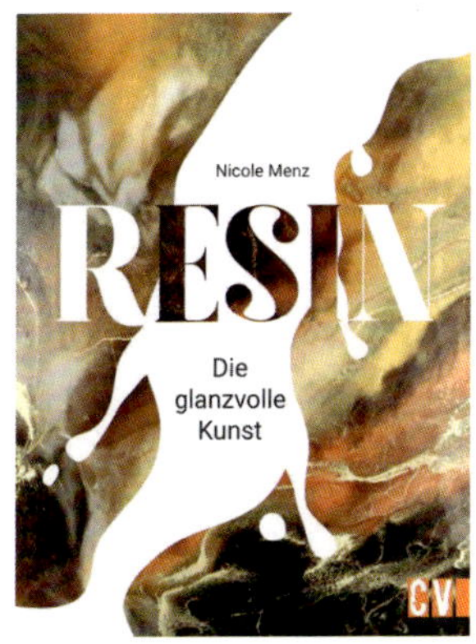

ISBN 978-3-86230-421-9

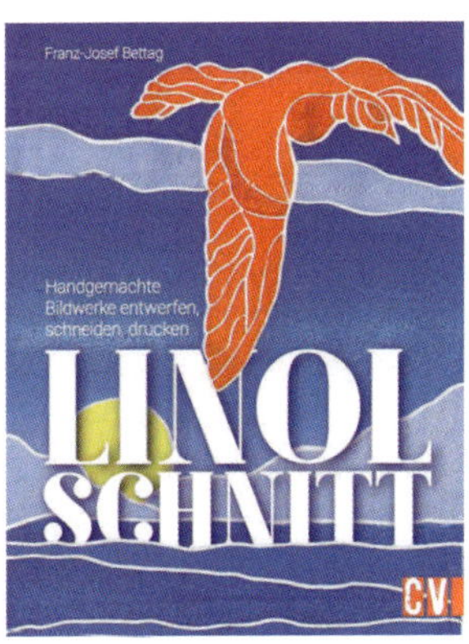

ISBN 978-3-86230-417-2

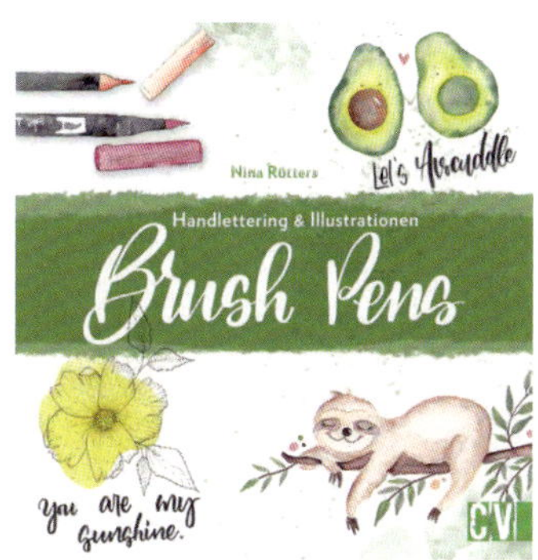

ISBN 978-3-86230-426-4

www.christopherus-verlag.de

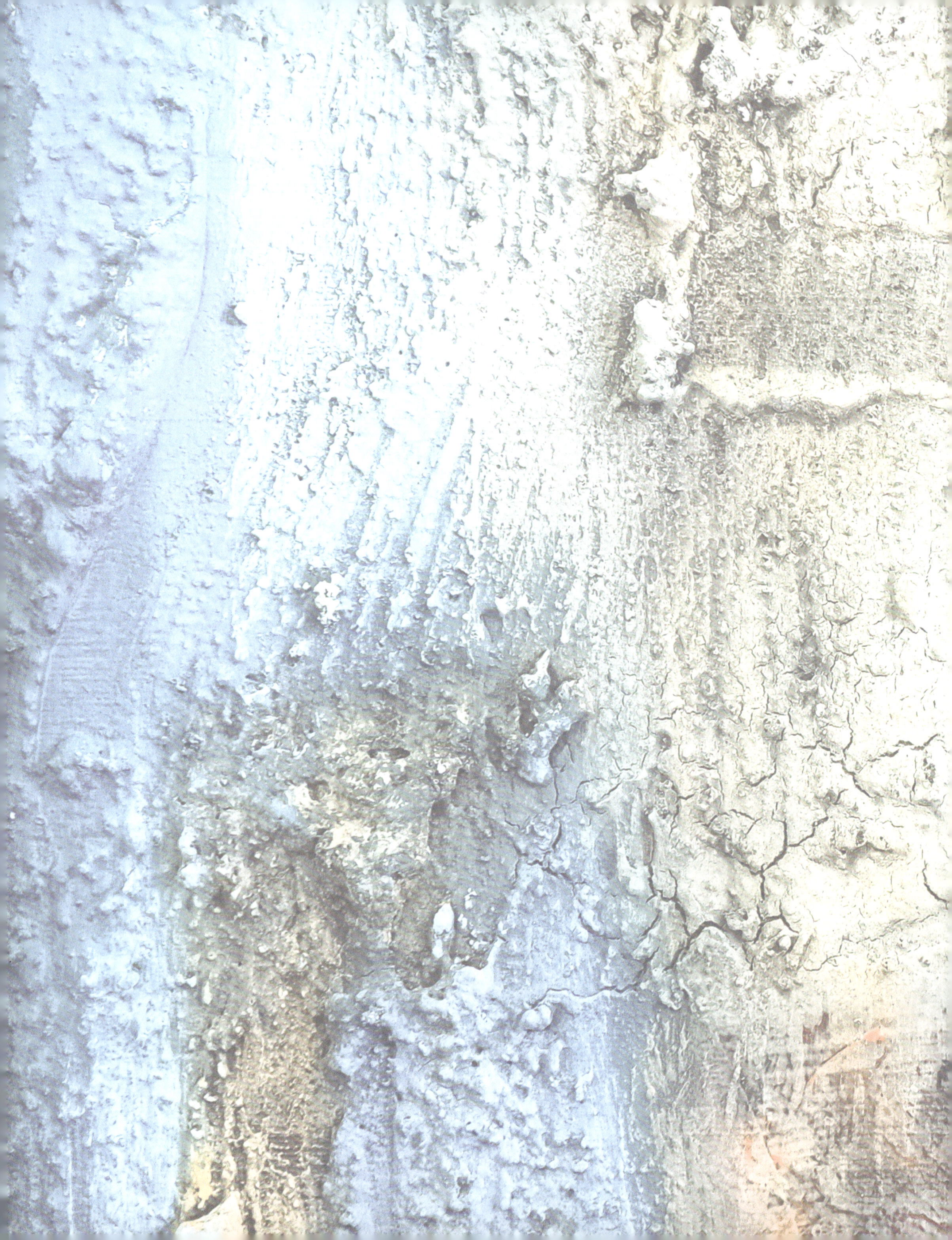